SO KOCHT

CHINA

Eßkultur und Originalrezepte aus dem Reich der Mitte

SO KOCHT

CHINA

Eßkultur und Originalrezepte aus dem Reich der Mitte

MOSAIK VERLAG

Inhalt

一心為革命

Teil I: Kulinarische Tradition

Eine traditionsreiche und höchst schöpferische Küche

Seit dem Erscheinen von Marco Polos Reiseberichten im 13. Jahrhundert war der Westen vom exotischen China fasziniert. Doch schon lange davor erreichten Dschunken, die mit den Schätzen Chinas beladen waren, auf ihren jährlichen Handelsreisen die Küsten fremder Länder.

Seide, Schießpulver, der Buchdruck und der Kompaß sind chinesische Erfindungen, die den Verlauf der Geschichte beeinflußt haben. Doch der populärste Beitrag Chinas zur modernen Zivilisation ist die Küche des Landes, die heute auf der ganzen Welt – sowohl in Restaurants als auch in privaten Haushalten – zu finden ist. Nur wenige Völker, so etwa die Franzosen, sind dem Essen so leidenschaftlich zugetan wie die Chinesen. Mahlzeiten sind wichtige soziale Ereignisse. Für Hochzeiten und Geburtstage werden spezielle Menüs zusammengestellt, und für jeden Feiertag gibt es traditionelle Gerichte und kleine Köstlichkeiten.

Was aber ist der Grund für diese globale Popularität der chinesischen Küche? Zum einen sind es die vielen einzigartigen Zutaten und die Verwendung von Gemüse und nahrhaften Sojaprodukten, zum anderen die leichten oder intensiven Soßen und Gewürze. Chinesische Köche verwandeln eine erstaunliche Vielfalt an Zutaten in kulinarische Meisterwerke. Jedes Gericht muß drei wesentlichen Kriterien – Aussehen, Wohlgeruch und Geschmack – entsprechen. Der Konsistenz, gesundheitlichen Aspekten und der Bedeutung der Speisen muß ebenfalls Beachtung geschenkt werden.

Die Zahl der Gewürze und Soßen, die in der chinesischen Küche Verwendung finden, ist nicht besonders groß, ebensowenig werden viele unterschiedliche Kochverfahren eingesetzt. Die Kombination der einzelnen Grundzutaten (z.B. Fleisch mit Sojaprodukten, Gemüse mit dünnen Scheiben Schweinefleisch, Lychees mit Garnelen) und verschiedenen Gewürze läßt eine schier unendliche Vielfalt von Variationen zu.

Im Verlauf der Geschichte wurde China immer wieder von Überschwemmungen und Hungersnöten heimgesucht, daher war Nahrung für die große Bevölkerung (22 Prozent der Weltbevölkerung leben auf 7 Prozent der Landfläche der Erde) schon immer sehr wichtig. Dennoch ist die chinesische Küche, die von Elend und häufiger Armut geprägt wurde, nicht langweilig, sondern überaus kreativ.

In ganz China wird man kein Gericht finden, das zweimal auf dieselbe Art und Weise zubereitet wird. Das riesige China kann so viele unterschiedliche regionale Küchen aufweisen, daß Essen in diesem Land der Traditionen und des Erfindungsreichtums immer ein vergnügliches Abenteuer ist.

***Seite 2**: Dieses naive Bild eines Volkskünstlers aus einem Dorf westlich von Shanghai zeigt eine Familie bei der Zubereitung von gefüllten Klößchen.*

***Links**: Drei Generationen bei einem Mahl im Hof eines alten Hauses in der Provinz Fujian, Südchina.*

Reis und Rituale

Sechstausend Jahre kulinarischer Tradition

Schon in frühester Zeit haben die Chinesen ihre Nahrung in zwei Kategorien unterteilt: *Fan* (Reis- und Getreidegerichte) und *Cai* (Fleisch- und Gemüsegerichte). Diese Einordnung läßt sich bis in früheste Aufzeichnungen zurückverfolgen. Rituelle Bronzegefäße aus der Zhou-Dynastie (1122–256 v. Chr.) dienten der Aufbewahrung verschiedener Lebensmittel.

Hirse war die erste bekannte Getreidesorte, die gekocht oder gedämpft wurde. In Nordchina war sie wohl schon sehr früh, wahrscheinlich bereits in der neolithischen Zeit (7000–5000 v. Chr.) Grundnahrungsmittel der damaligen Zivilisation, während im Süden zur Zeit der Zhou-Dynastie Reis die Hauptgetreidesorte war. Im neolithischen China wurde auch Weizen gegessen.

Die Archäologie gibt wenig Aufschluß über die Gemüsesorten, die im neolithischen China zum Schweine- und Hundefleisch gegessen wurden. Rindfleisch, Lamm- und Ziegenfleisch wurden erst viel später verwendet, wohingegen Wild, Hase sowie Fisch und Geflügel wohl schon früh die Mahlzeiten bereicherten.

Zu den frühen Zubereitungsmethoden zählten Kochen, Dämpfen, Braten, Schmoren, Pökeln und Trocknen. Das heute am häufigsten eingesetzte Pfannenrühren entwickelte sich wahrscheinlich erst später. Die wichtigsten chinesischen Gerichte und Zubereitungsweisen gab es schon vor etwa 6000 Jahren, wenn auch noch viele importierte Zutaten ihren Weg in die chinesische Speisekammer finden sollten. Neue Kochmethoden wurden ebenfalls adoptiert.

Eine ideale chinesische Mahlzeit zeichnete sich schon immer durch eine ausgewogene Mischung von Getreide und gekochten Speisen aus. Zum einen also einfaches gekochtes oder gedämpftes Getreide und zum anderen geschmackvolle und reichhaltige Gerichte. Ebenso wurde ein Ausgleich zwischen *Yin*- (kühlenden) und *Yang*-Speisen (die für Hitze sorgen) angestrebt. Das Konzept, daß Speisen präventive und auch heilende Eigenschaften besitzen, ist in der chinesischen Psyche tief verwurzelt.

Beim Speiseplan hängt das Verhältnis von Getreide und anderen Gerichten vom wirtschaftlichen Status der Speisenden und vom speziellen Anlaß ab. Getreide liefert traditionell den größten Anteil an Kalorien, die diversen Gerichte sind als schmückende und nahrhafte Beilagen zu sehen. Je bedeutender der Anlaß, desto mehr Gerichte und weniger Getreide. Auch heute noch wird bei Festessen an dieser Tradition festgehalten. Eine kleine symbolische Schale mit gedämpftem Reis wird nach einer großen Auswahl von Gerichten serviert.

Reis wird besonders im Süden als etwas Essentielles und beinahe Magisches betrachtet, wohingegen Weizen im Norden hoch geschätzt wird – doch es gibt hier kein starres Nord-Süd-Gefälle. Im 6. Jh. wurde der Große Kanal für den Reistransport aus dem Yangtze-Delta in die kaiserlichen Kornspeicher im relativ trockenen Norden angelegt. Seit der Ming-Dynastie (1368–1644) wird in den Vororten von Peking Reis angebaut.

Ein altes chinesisches Gemälde zeigt einen offensichtlich bedeutenden und reichen Herrn, der mit Musik und einer Reihe kulinarischer Spezialitäten bei Laune gehalten wird.

In China werden heute zahlreiche Reissorten angebaut; landesweit ist auch der teurere Thai-Reis auf städtischen Märkten erhältlich. Im Süden scheint man langkörnigen Reis zu bevorzugen, der nicht so klebrig ist wie andere Sorten.

Reis wird gedämpft, gebraten (nach dem Kochen) oder als Reismehlnudeln serviert. Wird Reis mit viel Wasser gekocht, erhält man *Zhou* (Reisschleim), der zum Frühstück oder als Mitternachtshappen gerne mit schmackhaften Beilagen gereicht wird.

In früheren Zeiten wurde Weizen wie Reis gekocht, aber seit der Han-Dynastie (220 v. Chr.–200 n. Chr.) wurde das Getreide zu Mehl verarbeitet, um daraus Nudeln, Pfannkuchen und verschiedene Teigwaren zu machen. Einige der Rezepte wurden möglicherweise aus Zentralasien importiert. Es ist unwahrscheinlich, daß Marco Polo Spaghetti, Linguine und Pizza aus China mitbrachte. Obwohl solche Gerichte in China bereits Jahrhunderte vor seiner Geburt existierten, gibt es doch schriftliche Belege für die Verwendung von Pasta in Italien vor Marco Polos berühmter Reise.

Ein bekannter Kenner der französischen Küche beschwerte sich vor etwa 40 Jahren darüber, daß alle chinesischen Speisen „halb durch" schmeckten. Heute ist es aus gesundheitlichen Gründen sogar durchaus wünschenswert, daß Speisen halbroh oder halbgar (der Begriff ist subjektiv und auswechselbar) sind. Aber wer nimmt schon ein langes Leben zum Vorwand, um die chinesische Küche zu genießen?

Norden, Süden, Osten und Westen

Chinas regionale Küchen: nicht so sehr eine Frage, was man ißt, sondern wie man es zubereitet

Bis vor kurzem dachte man im Westen noch, daß es nur eine einheitliche chinesische Küche gebe. Aber natürlich besitzt ein so großes und geographisch und klimatisch so vielfältiges Land wie China auch die unterschiedlichsten regionalen Küchen. Der Streit über die Anzahl der regionalen Küchen ist groß, aber die Gourmets sind sich darin einig, daß es mindestens vier große chinesische Küchen gibt: jene Kantons, hauptsächlich in der südlichen Guangdong-Provinz und in Hongkong; die Küche der westlichen Provinz Sichuan, deren größte Städte Chengdu und Chongqing sind; die Küche von Huaiyang, im östlichen China, ein Gebiet der Seen, Flüsse und Küsten; und die Küche Pekings im Norden, die ihre Inspiration hauptsächlich der Küstenprovinz Shandong verdankt. Mitunter ist noch von einer fünften Küche die Rede – jene der südöstlichen Provinz Fujian.

Mitte: *Bier, erstmals in der deutschen Kolonie in Qingdao gebraut, ist heute ein günstiges und beliebtes Getränk in ganz China..*
Rechts: *Eines der bekanntesten Panoramen Chinas, die Hügel von Guilin in Südchina.*

Diese regionalen Küchen unterscheiden sich nicht nur im Hinblick auf Rezepte, sondern auch bei der Verwendung von Soßen, Knoblauch, Fisch, Öl, Schweinefleisch oder anderen Grundzutaten sowie bei den Mengenverhältnissen der einzelnen Zutaten. Kochzeit und Temperatur sind ebenfalls wichtige Faktoren. Alle Regionen verwenden Ingwer, Knoblauch, Frühlingszwiebeln, Sojasoßen, Essig, Zucker, Sesamöl und Tofu, kombinieren diese jedoch meist auf unterschiedliche Art und Weise.

Die Provinz Guangdong hat sehr von ihrer Beziehung zu Hongkong profitiert. Der fruchtbare Boden erlaubt intensiven Ackerbau, an der langen Küste gibt es eine große Fischindustrie. Was die Rivalität mit Shanghai angeht, hat die Provinzhauptstadt Guangzhou (besser bekannt als Kanton) ihre Führung im Modebereich verloren, aber wenn es ums Essen geht, ist sie unangefochten die Nummer eins.

Die Küche Kantons war im Westen die erste chinesische Küche, die sich etablierte. Sie wird oft geringschätzig mit *Chop Suey*, *Chow Mein*, Schweinefleisch süß-sauer und Glückskeksen gleichgesetzt. Mit Ausnahme von *Chop Suey* und Glückskeksen, die in Amerika erfunden wurden, sind die oben er-

wähnten Gerichte traditionelle kantonesische Kreationen, und Schweinefleisch ist bei den Chinesen genauso beliebt wie bei Ausländern. Aber die kantonesische Küche hat viel mehr zu bieten und wird zurecht als die beste Chinas angesehen. Sie zeichnet sich durch ungewöhnliche Vielfalt und Frische der Zutaten und leichte Soßen aus sowie durch die Bereitschaft der Köche, „exotische", importierte Geschmacksrichtungen wie Zitrone, Curry, Worcestershire-Soße und Mayonnaise zu integrieren.

Eine fröhliche Bedienung schiebt einen Handwagen mit gebackenen und fritierten kantonesischen Dim Sum-*Spezialitäten vor sich her.*

Die Köche Kantons bereiten gebratenes und gegrilltes Fleisch (Ente, Gans, Huhn und Schweinefleisch) ausgezeichnet zu. Es wird in Spezialitätengeschäften verkauft, da Privathaushalte nicht über Öfen verfügen.

Die Küche Kantons ist ebenfalls berühmt für *Dim Sum*, kleine Happen, die zum Frühstück oder zum Mittagessen mit Tee serviert werden. *Dim Sum* können süß, salzig, gedämpft, gebraten, gebacken, gekocht oder gepökelt sein, kleine Gerichte, die jeweils in separaten Schälchen gereicht werden.

Auf kantonesisch wird der Genuß von *Dim Sum* als *Yum Cha* („Teetrinken") bezeichnet. In traditionellen *Yum Cha*-Restaurants werden die Speisen auf Handwagen oder Tabletts angeboten. Das leicht marktschreierische Gebaren der Kellner trägt noch zur geschäftigen Atmosphäre bei. In Hongkong und Guangzhou sind *Dim Sum*-Restaurants eine wichtige Einrichtung; hier kann man geschäftliche Dinge besprechen, Zeitung lesen, die Kinder mitnehmen und gesellig beisammen sitzen. Mittags und am Wochenende bekommt man schwer einen Platz, weil dann Stammgäste Vorrang haben.

Die Heimat würziger Speisen und des 1997 verstorbenen Führers Deng Xiaoping ist Sichuan, eine sehr fruchtbare Provinz mit einer Bevölkerung von über 100 Millionen Menschen. Obwohl Sichuan den Ruf hat, sehr scharf zu würzen, sind viele berühmte Gerichte dieser Küche überhaupt nicht scharf. So zum Beispiel Ente, die über einer Mischung aus Kampfer und Tee geräuchert wird.

Doch es sind die chilischarfen Gerichte, die Sichuan weltweit berühmt gemacht haben – Gerichte wie *Ma Po Don Fu*, geschmorter Tofu mit Hackfleisch in scharfer Soße, *Hui Guo Rou*, gekochtes und pfannengerührtes Schweinefleisch mit Kohl in pikanter Tofusoße, *Yu Xiang Qiezi*, Auberginen in einer Soße mit Fischgeschmack und *Dou Ban Yu*, Fisch in scharfer Bohnensoße.

Chilischoten kamen erst relativ spät in der Küche Sichuans zum Einsatz. Sie wurden von spanischen Händlern in der späten Ming- oder frühen

Qing-Dynastie (ca. 1600) von Mexiko über die Philippinen importiert. Sichuan hat aber auch ein eigenes scharfes Gewürz, den Sichuan-Pfeffer, der vielen Gerichten der Provinz ihren typischen Geschmack verleiht.

Die Vorliebe für scharfe Speisen wird manchmal mit Sichuans Klima erklärt. Das fruchtbare landwirtschaftliche Gebiet ist fast das ganze Jahr von Wolken überzogen, die so viel Niederschlag produzieren, daß vielerorts zwei Reisernten pro Jahr möglich sind. Intensive Gewürze sind bei kaltem, feuchtem Wetter hervorragende Muntermacher und eignen sich auch sehr gut zur Konservierung von Fleisch und Fisch.

Als in der Sui-Dynastie (581–618 n. Chr.) der Große Kanal gebaut wurde, entstanden an seinem südlichen Ende mehrere große Handelsstädte, z.B. Huaian und Yangzhou, nach denen die regionale Küche (Huaiyang) benannt ist. Die Lage im unteren Bereich des Yangtze-Flusses, Chinas „Land von Fisch und Reis" (gleichzusetzen mit dem westlichen Begriff „Milch und Honig"), gab der Region einen großen Vorteil im Hinblick auf landwirtschaftliche Produkte. Sie war berühmt für Delikatessen wie Fisch, Garnelen, Aal und Krabben, die auf dem Kanal bis zum Hof in Peking transportiert wurden. Die Küchen von Jiangsu, Zhejiang und Shanghai sind größtenteils der Huaiyang-Küche zuzuordnen, die von den Familien der kaiserlichen Salzhändler aus Yangzhou entwickelt wurde.

Gedünstete Klößchen sind in den meisten Regionen Chinas beliebt, und Kenner können anhand der Soßen und Füllungen ihre Ursprungsprovinz identifizieren.

Die Huaiyang-Küche ist außerhalb Chinas nicht sehr bekannt, vielleicht weil sie alle Extreme vermeidet und nach dem „Mittelweg" strebt. Frische *(Xian)* ist der Schlüsselbegriff für die Speisen dieser Region, aber dies bedeutet mehr als nur frisch. Ein gedämpfter Fisch etwa ist nur *xian*, wenn er eine Stunde vor der Zubereitung noch gelebt und seinen natürlichen Geschmack bewahrt hat sowie zart, doch mit leichtem Biß serviert wird.

Xian bedeutet auch, daß der natürliche Geschmack der Zutaten Vorrang vor dem der Soße hat. Es wird große Sorgfalt auf das Schneiden der Zutaten verwendet. Auch spielt die Temperatur im *Wok*, der ja nur eine dünne Membran aus Gußeisen ist und die Zutaten vor den Flammen des Ofens schützt, eine große Rolle. Chinesische Köche und besonders Huaiyang-Köche kontrollieren die Flammen des Ofens wie ein Pianist das Pedal.

Einige der besten Huaiyang-Gerichte werden gedämpft oder geschmort und erfordern daher weniger Hitze und längere Kochzeiten als die meisten gebratenen Gerichte, etwa Hühnchen mit Kastanien, Schweinefleisch in Lotosblättern, Ente mit

acht Zutaten gefüllt und „Löwenkopf"-Fleischbällchen.

Von allen chinesischen Küchen war wohl die Beijings am meisten äußeren Einflüssen ausgesetzt. Zuerst kamen die nomadischen Mongolen, die Beijing in der Yuan-Dynastie (1279–1368) zu ihrer Hauptstadt machten. Sie hatten eine Vorliebe für Lammfleisch, die wichtigste Zutat des mongolischen Feuertopfs, der in Beijing im Herbst und im Winter zu den beliebtesten Gerichten zählt.

Dann kamen die Mandschu, die als Herrscher der Qing-Dynastie (1644–1911) viele Arten der Schweinefleischzubereitung einführten. Peking war in den letzten acht Jahrhunderten Chinas Hauptstadt und wurde zur Heimat der Staatsbediensteten, die ihre Köche mitbrachten, wenn sie aus den wohlhabenden südlichen Provinzen Jiangsu und Zhejiang kamen. Den größten Einfluß hatte jedoch die nahegelegene Provinz Shandong. Im 19. Jh. wurde das Restaurantgewerbe in Beijing von Unternehmern aus Shandong monopolisiert.

Die Wurzeln der Shandong-Küche reichen bis in die Tage Konfuzius zurück (ca. 550 v. Chr.), der aus Shandong stammte. Sie ist für die Meeresfrüchte der Ostküste Chinas bekannt: Jakobsmuscheln und Tintenfisch, sowohl getrocknet als auch frisch, Seegurken, Meeresschnecken, Krabben, Vogelnester und Haifischflossen. Typisch ist auch die Verwendung von Frühlingszwiebeln und Lauch.

Die berühmte Peking-Ente verdankt ihren Ruhm den kulinarischen Traditionen anderer Regionen Chinas sowie der Hauptstadt selbst. Die ersten Enten sollen hinter den kaiserlichen Weizenlastkähnen den Großen Kanal hinaufgeschwommen sein. Sie ernährten sich von den Reiskörnern, die der Wind von den Booten blies. Die Enten werden auf Huaiyang-Art gebraten, während die Pfannkuchen, der rohe Lauch und die salzige Soße, die man dazu serviert, typisch für Shandong sind.

Peking ist auch berühmt für seine gedämpften und gekochten Teigtaschen *(Jiaozi)*, die mit einer Mischung aus Schweinefleisch, Kohl oder Lauch oder einer Eier-Gemüse-Mischung gefüllt sind. In Essig und Sojasoße getaucht und mit etwas rohem Knoblauch zählen diese Teigtaschen zu den einfachsten, aber schmackhaftesten Gaumenfreuden der chinesischen Küche.

Regionale Küchen sind heute in China so beliebt, daß es in Peking und Shanghai beispielsweise mehr Restaurants gibt, die Kanton- oder Sichuan-Küche anbieten, als Lokale mit einheimischer Kost.

Links: *Die Peking-Ente, eines der berühmtesten Regionalgerichte Chinas, wird traditionell auf dreierlei Weise genossen: die knusprige Haut in einem Pfannkuchen und mit Soße, das Fleisch mit Gemüse pfannengerührt und der Rumpf zu einer Suppe verarbeitet.*

Mitte: *Das Braten von Huhn, Ente und Schwein findet in Holzkohleöfen in Restaurants und Spezialitätenläden statt, da Privatküchen über keinen Ofen verfügen.*

Zu Hause und auf dem Markt

Ob beim Einkaufen, an Imbißbuden oder am heimischen Tisch: Das Essen ist für die Chinesen von zentraler Bedeutung

Die Verbreitung von Kühlschränken im heutigen China verändert eine Institution, die seit Jahrhunderten wesentlicher Bestandteil des täglichen Lebens war: das Einkaufen auf den lokalen Märkten, auf denen Touristen, Soziologen und Volkswirte den chinesischen Alltag hautnah erleben können. Etwa den Obsthändler, der nicht nur seine Früchte auspreßt, sondern manchmal auch seine Kunden, oder das Feilschen um eine Handvoll Schweinefleisch, bei dem weniger als ein Pfennig, aber um so mehr Ehre auf dem Spiel steht. Hier handeln die wachsende Mittelschicht und die Neureichen mit den Händlern, die meist vom Lande stammen.

Tofu ist nahrhaft und vielseitig, eines der vielen Produkte, die täglich auf dem Einkaufszettel der chinesischen Hausfrau stehen. Tofu kann vielerlei Form annehmen.

Die meisten Händler haben Stammkunden, denen sie oft noch eine zusätzliche Erdbeere oder Kartoffel schenken oder ab und zu einen Preisnachlaß gewähren. Bei sechs Verkäufern, die in Hörweite genau dieselben Gurken, Tomaten und Bohnen anbieten, ist der Wettbewerb hart.

Viele Hausfrauen und -männer gehen zwei- oder dreimal täglich auf den Markt. In manchen Amtsstuben in Peking gibt es halbstündige Pausen, um für das Mittag- und Abendessen einzukaufen. Obwohl an den meisten Ständen die Preise nicht ausgewiesen sind, kennt die Hausfrau in der Regel alle Preise und weiß auch noch, wieviel sie vor zwei Wochen für ein Kilo Yamswurzeln bezahlt hat. Nach westlichen Begriffen mögen Lebensmittel billig erscheinen, dennoch gibt ein Haushalt im Schnitt 40–60 Prozent des Budgets dafür aus, wohingegen die Mieten sehr niedrig sind.

Neben den Märkten findet man Läden, die vorgefertigte und verpackte Lebensmittel verkaufen. Ein erster Besuch in einem solchen Geschäft ist faszinierend. Chinas Politik der Öffnung seit 1978 führte im Lebensmittelbereich zu neuem Aufschwung, speziell in den größeren Städten, wo die Menschen mehr Freizeit und Bargeld als je zuvor haben und neuen Geschmacksrichtungen sehr zugetan sind. Zusätzlich zu den westlichen und chinesischen Fast-Food-Lokalen gibt es ausgezeichnete Bäckereien.

An kleinen Straßenständen, wie hier in einer Gasse Shanghais, werden köstliche Kleinigkeiten wie gebratene Teigtaschen angeboten. Die in den Städten wohnenden Chinesen verköstigen sich mindestens einmal am Tag an solchen Imbißbuden.

In den meisten Städten findet man neben den Märkten Imbißbuden, an denen man schnell im Stehen eine Kleinigkeit essen oder sich auch für ein paar Minuten hinsetzen kann. Fürs Frühstück sind diese Buden meist gut eingerichtet, da die erste Mahlzeit des Tages von den meisten Chinesen außer Haus eingenommen wird. Beliebte Frühstücksgerichte sind gebratene Eier in Pfannkuchen gewickelt, ein großes geröstetes Brot, Nudeln, Reisbrei oder Tofu-Gelee mit einem fritierten Krapfen *(You Tiao)* oder einem Stück Kuchen und einem Becher Milch.

Jede Region hat spezielle Snacks, die meist auf der Straße verkauft werden. Zu diesen preiswerten Kleinigkeiten zählen auch regionale Spezialitäten wie Beijings gekochte Kutteln mit Koriander, gebratene Stärkewurst mit Knoblauch, saure Bohnensuppe und gekochte Schweinefleisch- und Lauchtaschen *(Jiaozi)*. Eine Spezialität in Shanghai sind gedämpfte *Baozi*-Röllchen, süßer Klebreis mit acht Leckereien *(Babaofan)* und gesüßtem Weinsatz. Sichuan ist bekannt für pikante *Dan Dan*-Nudeln, Teigtaschen in scharfer Soße und Tofu-Gelee *(Dou Hua)*, während kantonesisches *Dim Sum* eine eigenständige Küche ist.

In den Städten nimmt man die Hauptmahlzeit meist am Abend zu sich. Sie besteht in der Regel aus einem Grundnahrungsmittel wie Reis oder Nudeln, einem oder zwei gebratenen Gerichten, wovon eines zumindest Fleisch oder Fisch ist, und einer Suppe. Zu Hause trinkt man dazu meist Bier. Enge Wohnverhältnisse lassen keine komplizierten Kochmethoden zu, aber der Sonntag ist eine gute Gelegenheit für bescheidene kulinarische Freuden. Die ganze Familie beteiligt sich am Einkaufen und Kochen. Freunde und Verwandte werden gerne eingeladen.

Westliche Lebensmittel brechen zaghaft in die 6000 Jahre alte Bastion der chinesischen Küche ein. Fast-Food-Lokale und westliche Speisen gibt es nur in chinesischen Touristenstädten. Für den größten Teil der Bevölkerung herrscht noch immer die Devise: Reis und Gemüse wie bei Muttern.

Die Teekultur

Tee ist in China das wichtigste Getränk, obwohl Wein auf eine viel längere Tradition zurückblicken kann

Tee ist ein wesentlicher Bestandteil des Lebens in China. Er wird vor und nach und nur selten während einer Mahlzeit getrunken. Tee trinkt man am Arbeitsplatz, in Ruhepausen, allein oder mit Freunden. Es gibt wohl kaum eine Situation, in der kein Tee gereicht wird. Teetrinken ist eine chinesische Erfindung, wenngleich die Pflanze vermutlich zuerst in Südostasien angebaut wurde. In China wird nachweislich seit der Han-Dynastie (220 v.Chr.–200 n.Chr.) Tee angebaut und getrunken.

In China ist Tee mehr als nur ein Getränk. Das Teehaus, in dem man sich zum Plaudern trifft, ist mit einem Pub in England oder einer Kneipe in Deutschland zu vergleichen.

Die japanische Teezeremonie, bei der pulverisierter Tee mit einer Bambusbürste aufgeschlagen wird, bis sich an der Oberfläche Schaum bildet, beruht auf den Teesitten Chinas in der Tang-Dynastie. Teeblätter ziehen zu lassen, so wie wir es heute kennen, ist erst seit der Ming-Dynastie (1368-1644) üblich. Dazu verwendete man feines weißes Porzellan, das Farbe und Form der Blätter am vorteilhaftesten zur Geltung brachte.

Es gibt nur eine Teepflanze, aber viele Teesorten. Variationen in Geschmack und Farbe werden durch Erntezeit, Fermentation sowie Rollen und Rösten erzielt.

Man unterscheidet zwischen drei Teesorten: unfermentierter grüner Tee wie *Longjing* (Dragon Well), halbfermentierter Tee wie *Oolong* und fermentierter Tee wie schwarzer Tee (in China heißt er „roter Tee"), der in Indien und im Westen am beliebtesten ist. Grüner Tee wird mit Jasminblüten zu Jasmintee vermischt, der im Sommer gerne in Nordchina getrunken wird. In Südchina, von Guangdong bis westlich nach Yunnan, ist der modrig riechende, rostfarbene *Pu'er*-Tee das beliebteste Getränk.

Tee kann in einer Kanne oder einer Tasse aufgebrüht werden. Pingelige Teetrinker schütten den ersten Aufguß weg, um die Blätter für den zweiten Aufguß zu reinigen, der oft als der beste gilt. Guter Tee kann bis zu zehnmal aufgebrüht werden.

Weingefäße, die bei archäologischen Ausgrabungen gefunden wurden, belegen, daß in China vor circa 5000 Jahren Wein aus Getreide, das mit Hefe versetzt wurde, hergestellt wurde. Man setzte ihn als rituelle Opfergabe ein.

Trauben und Traubenwein wurden etwa 150 v.Chr. aus dem Westen eingeführt. Vor circa 800 Jahren war in der Song-Dynastie das Destillieren von Wein aus *Kaoliang,* einer Art Sorghum, beliebt. Der große Tang-Dichter Li Bai (Li Po), der als Trinker bekannt war, verdankte seine Inspirationen wahrscheinlich fermentiertem Reiswein. Heute wird Traubenwein nach westlicher Art hergestellt, und es gibt einige erfolgreiche Winzergenossenschaften, die Chardonnay, Riesling, Sekt und Rotwein produzieren.

In den chinesischen Weinläden größerer Städte findet man eine erstaunlich große Auswahl an Weinen und Spirituosen. Kochwein wird aus Klebreis hergestellt und ist in jedem einfachen Lebensmittelgeschäft erhältlich.

Die führenden chinesischen Traubenweine werden entweder als „weiß" *(bai jiu)* oder „gelb" *(huang jiu)* klassifiziert. Weißweine werden destilliert und haben einen Alkoholgehalt von 40–60 Prozent. Am bekanntesten ist der klare Branntwein Maotai, der in der südwestlichen Provinz Guizhou hergestellt wird. Diese starken Spirituosen werden meist zum Essen aus kleinen Tassen oder Gläsern getrunken.

Gelber Wein, aus Klebreis destilliert, wird in der Küstenregion um Shanghai, hauptsächlich in Shaoxing in der Provinz Zhejiang, produziert. Er weist einen Alkoholgehalt von circa 14 Prozent auf und wird oft mit einem trockenen Sherry verglichen. Man verwendet ihn zum Kochen, da er Fisch und vielen anderen Gerichten einen kräftigen, hefigen Geschmack verleiht.

Die Geschichte des Bierbrauens in China läßt sich über ein Jahrhundert bis zur deutschen Kolonie in Qingdao (oder Tsingtao) an der Küste der Provinz Shandong zurückverfolgen. Qingdao ist auch heute noch Sitz der größten chinesischen Brauerei. Ferner gibt es noch Dutzende von regionalen Brauereien. Etwa drei Milliarden Bierflaschen sind im Umlauf, und eine Flasche kostet nicht mehr als etwa 50 Pfennige.

Seit 1990 wird immer mehr Mineralwasser in den Supermärkten angeboten. Gegenwärtig gibt es in China über 1000 Quellen. Chinesen trinken verständlicherweise nie Leitungswasser, ohne es abzukochen. Der starke Chlorgeschmack in den meisten Städten, besonders in Shanghai, das den größten Anteil seines leicht schlammig schmeckenden Trinkwassers aus dem Yangtze bekommt, läßt abgefülltes Trinkwasser zu einer willkommenen Abwechslung werden. Es wird speziell auch für die Zubereitung von Tee, Suppen, Reis und Nudeln verwendet.

Chinas Feinschmeckerkultur

Das Paradoxon des kräftigen Konsums in einer sozialistischen Gesellschaft

Archäologische Funde in frühen Gräbern deuten darauf hin, daß Kaiser und Aristokraten im alten China gut im Sinne von reichlich gegessen haben. Aber haben die Speisen aus großen bronzenen Kesseln auch geschmeckt?

Die Antwort werden wir wohl nie erfahren, aber man kann davon ausgehen, daß die Kaiser über eine reiche Auswahl an besten Zutaten und über die besten Köche verfügten. Wir wissen aus historischen Berichten, daß in der Song-Dynastie die besseren aristokratischen Häuser über 100 Personen als Küchenpersonal beschäftigten und zusätzlich noch spezielle Gerichte aus Gasthäusern holen ließen. Die Take-Away-Restaurants können also auf eine lange Tradition zurückblicken.

Berichte aus Chang'an (heute Xi'an), Hauptstadt der Tang-Dynastie und der wohl weltweit größten Stadt im 8. und 9. Jh., belegen, daß es dort viele indische und zentralasiatische Restaurants gab. Es wurden auch Lebensmittel vom westlichen Ende der Seidenstraße verkauft.

Zahlreiche historische Figuren waren für ihr Trink- und Eßvermögen bekannt. Chinas berühmtester Feinschmecker war Yuan Mei, der im 18. Jh. lebte. Yuan hinterließ eine herrliche Rezeptsammlung und verschiedene Notizen über das Essen *(Suiyuan shidan)*, wobei er sich sowohl als guter Koch als auch als großer Ästhet darstellte. Yuan erklärte, welche Speisen gut kombiniert werden konnten und welche nicht zusammenpaßten. Krabbenrogen sollte zum Beispiel nicht mit Vogelnestern zubereitet werden. Er berichtete auch von kulinarischen Exzessen, etwa von einer Einladung bei einem unmäßigen Gouverneur, der jedem Gast einen riesigen Topf mit ungewürzten Vogelnestern vorsetzte.

Derartiger Überfluß wäre im heutigen China nicht ganz undenkbar, da die wirtschaftliche Liberalisierung und der Aufschwung in den Städten Tausende von Restaurants ermöglicht haben. Im Jahr 1948 gab es in Beijing für die gesamte Bevölkerung circa 3000 Restaurants. 1953, nach der Revolution und der Schließung privater Unternehmen, waren davon nur noch 300 Lokale übrig, und sie hatten so nüchterne Namen wie „Das Gasthaus des Volkes" oder „Speisesaal für die Massen". Das proletarische Banausentum der Kulturrevolution (1966–76) hatte einen verheerenden Einfluß auf Chinas beste Restaurants und Köche, von denen viele nie wieder ihren Beruf ausübten.

Doch nach 1978 nahm die Zahl der Restaurants (auch vegetarischer) rapide zu. Heute gibt es in der Hauptstadt mindestens wieder 3000 Lokale, die für jeden Geldbeutel etwas anbieten. Es werden kanto-

Links: *Exotische und meist sehr teure Zutaten wie getrocknete Haifischflossen, getrocknete Jakobsmuscheln oder getrocknete Austern sind oft Zutaten für einige der teuersten chinesischen Gerichte. Die getrocknete Eidechse (unten rechts) ist medizinischen Suppen vorbehalten.*

Die Chinesen legen so großen Wert auf Frische, daß Fischrestaurants Fische, Muscheln und Krustentiere lebend in Bassins halten, bis der Gast sie bestellt.
Rechte Seite: Gourmetmahl im Bai Lin Restaurant im berühmten Garden Hotel, in dem sich einst der französische Klub von Shanghai befand.

nesische Gerichte im Kochstil Hongkongs angeboten, und die meisten Hotels offerieren neben der französischen, italienischen oder japanischen Küche auch Spezialitäten aus Sichuan. Wie früher gibt es einige sehr teure Restaurants, die man schon an den vor der Tür geparkten Nobelkarossen sowie den Haifischflossen, Vogelnestern und Hummern auf der Speisekarte erkennen kann.

Festessen sind heute in China wichtige gesellschaftliche und geschäftliche Ereignisse. Viele hohe Beamte verbringen fünf oder sechs Abende pro Woche bei solchen Essen, für die fast alles Anlaß sein kann: der Abschluß (oder auch Nicht-Abschluß) eines Geschäftes, eine Hochzeit, Abschluß des Studiums, eine Reise ins Ausland usw. Auch die Wahrung des Gesichts kann nach einer unangenehmen oder unglücklichen Situation Anlaß für ein Festessen sein.

Zu den besten Restaurants im heutigen China gehören jene, die es auch schon vor 1949 gab, die aufgrund ihrer ausgezeichneten Küche und ihrer Lage überleben konnten. Ein Beispiel hierfür ist das Fangshan Restaurant im Beihai Park in Beijing, das sich in einem ehemaligen kaiserlichen Palast am Ufer eines künstlich angelegten Sees befindet und viele Gerichte aus der Verbotenen Stadt der Qing-Dynastie anbietet. Berühmt ist sein Mandschu-China-Festessen, das drei Tage lang dauert, aus über 100 verschiedenen Gerichten besteht und an die kaiserlichen Bankette der Qing-Dynastie erinnert. Ein weiteres bekanntes Restaurant ist „Listening to the Orioles Pavilion" in den Gärten des berühmten Sommerpalastes (in China als Yi He Yuan bekannt). Hier sind Abendessen für 10 Personen zum Preis von etwa 1000 Dollar pro Tisch angeblich nichts Ungewöhnliches.

Chinas Feinschmeckerkultur begann im Kaiserpalast und fand von dort ihren Weg in die Privathäuser der Reichen und Mächtigen und in die Restaurants der Privilegierten. Im China der neunziger Jahre wird sie infolge der boomenden Wirtschaft mehr und mehr zu einer Bewegung, an der auch andere Gesellschaftsschichten teilhaben.

Das Bankett des Kaisers

Hundert Gerichte pro Mahlzeit und doch kein einziges Speisezimmer in Sicht

Als Sohn des Himmels war der Kaiser von China dem gewöhnlichen Sterblichen in so hohem Maße überlegen, daß man sich die Ehrfurcht und die Macht, die er genoß, kaum vorstellen kann. Beim Essen allerdings mußte er jedoch einige Einschränkungen in Kauf nehmen.

Der Kaiser konnte Mahlzeiten jederzeit und an jedem Ort einnehmen. Speisezimmer gab es in der Verbotenen Stadt nicht. Wo und wann immer der Kaiser speisen wollte, wurden für ihn Tische aufgestellt.

Die letzte Kaiserwitwe von China hat vielleicht genau an diesem Ort gespeist – am Ufer des Sees, in den Gärten des Sommerpalastes bei Beijing.

Jede Mahlzeit war ein Festessen mit etwa 100 Gerichten. Dazu zählten 60 bis 70 Speisen aus den kaiserlichen Küchen sowie Gerichte, die in den Küchen der wichtigsten Konkubinen zubereitet wurden. Aus Sicherheitsgründen durfte der Kaiser kein spezielles Gericht bestellen, da es vergiftet sein könnte, ebenso durfte er seine Zufriedenheit über ein Gericht nicht äußern. Jedes Gericht wurde überprüft, indem ein Silberstab hineingesteckt wurde, der sich schwarz verfärbte, wenn er mit Arsen in Berührung kam. Der Kaiser speiste immer von edelstem Porzellangeschirr mit Verzierungen aus Gold, Silber, Jade und Rhinozeroshorn.

Viele Gerichte dienten nur der Optik und wurden außer Reichweite der kaiserlichen Stäbchen plaziert. Sie wurden außerhalb des Palastes an Gourmets verkauft, die darauf erpicht waren, „mit dem Kaiser zu speisen".

In der kaiserlichen Küche, in der über 100 Woks standen, denen jeweils drei Männer zugeordnet waren, wurde genauestens Buch geführt. Der Name jedes Gerichts sowie die Menge der Zutaten wurden festgehalten. 1784 wurden Kaiser Qianlong beim Festessen am chinesischen Neujahrstag 150 Kilo Fleisch, darunter drei Enten, 10 Hühner, sechs Fasane, fünf Gänse, 12 Kilo Wildschwein, 10 Kilo Hammel, 10 Kilo Fisch und vier Hirschkeulen serviert – ein wahrhaft kaiserliches Mahl.

Heute haben sich zwei der führenden Restaurants in Peking, das „Fangshan" und das „Listening to the Orioles Pavilion", auf Gerichte spezialisiert, die angeblich nach authentischen kaiserlichen Rezepten zubereitet werden.

Mit Eßstäbchen deutet man nie

Einige Grundregeln fürs Essen und Trinken in China

Mit den Eßstäbchen darf niemals gedeutet werden. Ebenso läßt man sie nicht aufrecht in der Reisschale stecken, da sie sonst an Räucherstäbchen vor einem Grab erinnern.

Mit den Stäbchen sollte man nie in einem Gericht herumstochern. Man wählt mit den Augen aus und nimmt dann den Bissen mit den Stäbchen auf, ohne dabei andere Stücke zu berühren. Eine abwartende Haltung ist angeraten, um an Leckerbissen wie weißes Fleisch, Flügel oder Hühnerherz zu kommen.

Dieses Kind scheint sich mehr um das Essen als um Tischmanieren zu kümmern. Doch in China sind Dinge erlaubt, die im Westen als rüpelhaft gelten würden.

Möchte man bei einem formellen Essen einen Schluck Wein trinken, spricht man zuerst einen Toast auf einen der Gäste aus, ganz gleich ob dieser auch trinkt oder nicht. Wird ein Toast auf Sie ausgesprochen, obwohl Sie nicht trinken möchten, dann berühren Sie lediglich mit den Lippen Ihr Glas, um die höfliche Geste zu erwidern.

Der Gastgeber ist verpflichtet, die Gäste zum Essen und Trinken zu drängen. Daher wird mehr Essen als nötig bestellt. Dem Ehrengast werden die besten Bissen, etwa die Fischbacken, angeboten. Dazu werden Servierstäbchen oder auch das Ende der eigenen Stäbchen benutzt.

Wenn Sie satt sind oder wenn Sie keine Fischlippen, Seegurken oder Entenschwimmhäute essen möchten, erlauben Sie Ihrem Gastgeber dennoch die Köstlichkeiten auf Ihren Teller zu legen, auch wenn Sie diese dann nicht essen.

In China ist es gesellschaftlich akzeptabel, Knochen auf den Tisch zu spucken, zu rülpsen, Suppe und Nudeln zu schlürfen und während des Essens zu rauchen.

Reis kann man essen, indem man die Schale an den Mund hebt und die Reiskörner schnell mit den Stäbchen in den Mund schaufelt.

Chinesische Festessen bestehen meist aus 12–20 Gängen und können stundenlang dauern. Das Essen ist jedoch vorbei, sobald der Gastgeber aufsteht und den letzten Toast ausspricht. Es wird erwartet, daß man dann sofort geht. Nach dem Essen noch bei einer Tasse Kaffee zu plaudern, zählt nicht zu den chinesischen Gepflogenheiten.

Teil II: In der chinesischen Küche

Eine Kombination von einfachen Utensilien und Kochmethoden, die im Lauf der Jahrhunderte perfektioniert wurden

Eine chinesische Küche erstaunt durch ihre Schlichtheit. Man kann kaum glauben, daß so phantasievolle und ausgezeichnete Speisen mit so wenigen Hilfsmitteln zubereitet werden können. Sogar heute verwenden die meisten Köche eine einfache Kohleofenbank mit unterschiedlich großen Öffnungen, auf die Woks, Tontöpfe und Pfannen gesetzt werden.

Das wichtigste Utensil ist der **Wok**, eine gewölbte Pfanne aus Gußeisen, die außer zum Reiskochen für fast alles verwendet wird. Man kann darin pfannenrühren, fritieren, schmoren, Soßen herstellen, dämpfen usw. Die Form des Wok verteilt die Hitze gleichmäßig, wobei die Seitenwände gewährleisten, daß die Speisen während des Pfannenrührens nicht aus dem Wok fallen können. Er eignet sich ebenfalls gut zum Fritieren, da weniger Öl als bei einer normalen Pfanne erforderlich ist.

Vor dem ersten Gebrauch sollte der Wok innen mit warmen Seifenwasser ausgewaschen werden, ohne dabei zu scheuern. Mit klarem Wasser ausspülen und gut abtrocknen. Etwas Öl auf ein Küchenpapier geben und den Wok innen damit auswischen. Zwei- oder dreimal wiederholen. Chinesische Köche erhitzen den Wok immer, bevor sie Öl hineingeben, um sicherzustellen, daß er trocken ist und das Öl nicht spritzt. Den Wok nach dem Kochen nie mit scharfen Reinigungsmitteln säubern, sondern nur mit warmem Wasser ausspülen und abtrocknen.

Tontöpfe in verschiedenen Formen und Größen, die außen rauh und innen glasiert sind, werden für langsames Kochen sowie für Suppen und Brühen verwendet. Sie sind hübsch und billig, man kann aber auch jeden anderen Topf benutzen. Reis wird meist in einem Topf aus Aluminium oder Stahl gekocht.

Genauso unentbehrlich wie der Wok ist ein **Hackbeil**, entweder ein schweres mit einer rechteckigen Klinge von 8–12 cm Breite, ideal zum Durchschneiden von Knochen, oder ein leichteres zum Hacken, Schneiden und Zerstoßen. Ein chinesisches Hackbeil erledigt die Arbeit einer ganzen Armee von Messern in einer westlichen Küche.

Zum Hackbeil gehört auch das **Hackbrett**, meist ein einfaches, dickes Holzbrett. Fleisch wird immer auf dem Hackbrett gehackt. Man kann es aber auch einfach in den Mixer geben.

Gegenüber: In dieser chinesischen Küche steht der traditionelle, mit Kohlen beheizte Ofen in der Ekke, daneben ist noch ein moderner, zweiflammiger Gasofen vorhanden sowie ein geschwärzter Reistopf.
Links: Der Wok ist das wichtigste Utensil der chinesischen Küche; chinesische Tontöpfe, die zum langsamen Garen verwendet werden, sind hübsch und preiswert.

Dämpfen ist eine von den Chinesen sehr geschätzte, gesunde Zubereitungsmethode. Dazu wird traditionell ein Dämpfkorb aus Bambus mit geflochtenem Deckel verwendet, der jede Feuchtigkeit aufnimmt, im Gegensatz zu einem Metalldekkel, bei dem die Feuchtigkeit kondensiert und wieder auf die Speisen fällt. Der Dämpfkorb wird in einen mit etwas Wasser gefüllten Wok gestellt. Diese Methode eignet sich gut für einzelne Gerichte. Wenn man im Wok dämpfen will, ist allerdings noch ein kuppelförmiger Deckel erforderlich.

*Bambusdämpftopf **(oben)** und langstielige Schöpfer **(unten links)** gehören zur Grundausstattung einer jeden chinesischen Küche. Die Ölkanne **(unten rechts)**, mit der Öl in den Wok geträufelt werden kann, ist attraktiv, aber nicht unbedingt erforderlich.*

Weitere nützliche Utensilien sind ein feinmaschiger Drahtkorb an einem langen Stiel, gut zum Abschöpfen von Fritiertem oder Nudeln, und ein abgerundeter Pfannenwender zum Pfannenrühren im Wok. Chinesische Köche benutzen noch gerne ein Paar lange, hölzerne Stäbchen zum Wenden beim Fritieren, allerdings bedarf es hierzu einer gewissen Geschicklichkeit, so daß man sich wohl lieber mit einer Zange behilft.

Die üblichen Zubereitungsarten sind Dämpfen, Fritieren, Schmoren und langsames Kochen. Gebratene Speisen werden immer in Spezialitätenläden gekauft, da private Küchen über keinen Ofen verfügen.

Pfannenrühren wird am häufigsten eingesetzt. Dazu wird Öl im Wok erhitzt, um darin die in gleichgroße Stücke geschnittenen Zutaten unter ständigem Umrühren zu braten. Da der Wok an den Seiten und am Boden Hitze abgibt, sind die Speisen sehr schnell gar und bleiben saftig und aromatisch.

Das richtige Timing spielt in der chinesischen Küche eine große Rolle. Die meisten Speisen werden sehr kurz gegart, daher ist es sehr wichtig, vor dem Kochen alle Zutaten zu hacken, die Gewürze abzumessen und Garnierung sowie Servierplatten griffbereit zu haben.

Die Regulierung der Hitze ist wichtig, daher ist das Kochen über einer Gasflamme allen anderen Methoden vorzuziehen. Für viele Gerichte, besonders für die pfannengerührten, benötigt man viel größere Hitzezufuhr als in westlichen Küchen.

Die Zeitangaben bei den Rezepten dieses Buches gehen davon aus, daß, falls erforderlich, große Hitze zur Verfügung steht. Ist dies nicht der Fall, sollten die Speisen etwas länger gekocht werden. Wenn Sie nur einen Elektroherd haben, sollten Sie sich vielleicht einen einflammigen Gasbrenner zulegen, der extreme Hitze erzeugt, die jederzeit kontrolliert werden kann, da sonst nicht dieselben Resultate erzielt werden können.

Ein einziger Wok kann, außer für den Reis, für die Zubereitung einer kompletten Mahlzeit verwendet werden. Wenn das erste Gericht fertig ist, wird der Wok kurz ausgespült, getrocknet und dann die nächsten Zutaten hineingegeben. Ein chinesischer Koch wird einen Kochvorgang nie unterbrechen. Sie sollten daher alle Zutaten vorbereiten und griffbereit plazieren, damit Sie so schnell wie möglich arbeiten können. Auch die Servierplatten sollten schon bereitstehen. Übung macht den Meister – was jeder chinesische Koch bestätigen wird.

Chinesische Zutaten

Weltweit sind immer mehr Originalzutaten erhältlich, die authentischen Geschmack gewährleisten

AUSTERNSOSSE: Wird oft zu pfannengerührtem Gemüse und Fleisch gegeben. Nach dem Öffnen im Kühlschrank aufbewahren. Enthält meist Glutamat.

BAMBUSSPROSSEN: Frische Bambussprossen werden geschält, geschnitten und ca. 30 Minuten im Wasser geköchelt. Sprossen aus der Dose ca. 5 Minuten kochen.

BOCKSDORNBEEREN: Ovale, rote Beeren, manchmal auch als Wolfsbeeren bekannt, gerühmt für ihre medizinische Wirkung.

BOHNEN, ROT: Getrocknete rote Azukibohnen, kleiner als Gartenbohnen, werden für Nachspeisen bevorzugt. Man kocht sie auch mit Zucker zu einer **roten Bohnenpaste**, einer beliebten Füllung für süße Teilchen und Pfannkuchen.

BOHNEN, SCHWARZ, GESALZEN: Fermentierte, gesalzene schwarze Bohnen werden zum Würzen einiger Speisen, besonders für Fisch und Rind, verwendet. Vor Gebrauch abwaschen.

BOHNENSPROSSEN: Sowohl in China als auch im Westen werden Sprossen von grünen Mungobohnen häufiger verwendet als Sojabohnensprossen. Mit Wasser bedeckt 2–3 Tage im Kühlschrank aufbewahren; das Wasser täglich wechseln.

CHILIS: Fingerlange **rote Chilischoten**, frisch oder getrocknet, werden häufiger verwendet als die unreifen **grünen Chilis**. **Chilipaste**, die in Gläsern verkauft wird, unterscheidet sich regional und enthält oft weitere Zutaten. Ein chinesisches Produkt ist vorzuziehen, aber jede südostasiatische Chilipaste kann eingesetzt werden. **Sichuan-Chilipaste** wird aus getrockneten Chilis hergestellt, die eingeweicht und mit einer Spur Öl vermahlen werden. **Chilisoße** hat eine ähnliche Konsistenz wie Ketchup und wird in Flaschen verkauft. **Chiliöl** wird zur Geschmacksintensivierung einiger Sichuan-Gerichte verwendet.

CHINAKOHL: Die drei am meisten verwendeten Sorten sind: **weißer Kohl** *(Bai Cai* oder auf kantonesisch *Bok Choy)*, weißgeädert mit hellgrünen Blättern, wird oft unreif verkauft (siehe Garnierung für geschmorte Schweinekeule,

Bambussprossen

Gesalzene schwarze Bohnen

Schwarzer Moospilz

Bocksdornbeeren

Raupenpilz

Zimt

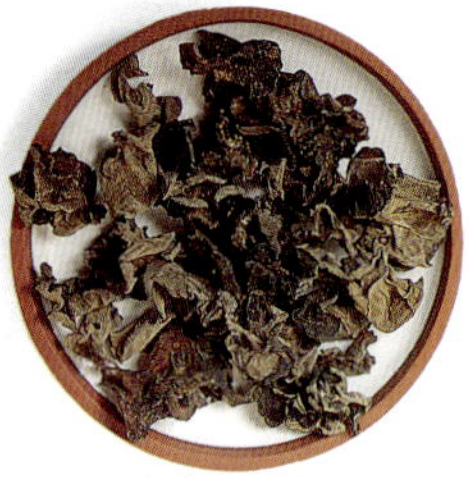

Holzohrenpilze

Seite 117); **langer weißer** oder **„Sellerie"-Kohl**, mit langen blaßgrünen Blättern und weißen sellerieartigen Stielen sowie **runder Kohl** – im Westen verbreitet.

DATTELN, ROT: Wegen ihrer Heilkraft sowie ihres pflaumenartigen Geschmacks geschätzt. Man gibt sie zu Suppen und diversen Gerichten. Vor Gebrauch 1 Stunde in kochendem Wasser einweichen.

ESSIG: Schwarzer, roter und weißer chinesischer Essig wird aus Reis gewonnen. Man sollte **weißen Essig** verwenden, der mild ist und auch am häufigsten zum Einsatz kommt. **Roter Essig** hat eine helle, bräunlich-rote Farbe und einen unverwechselbaren Geschmack, während **schwarzer Essig** einen leichten Karamelgeschmack aufweist und sparsam zum Würzen oder als Dip verwendet wird. Japanischer Reisessig ist ein guter Ersatz für den weißen Essig.

FRÜHLINGSZWIEBELN: Frühlingszwiebeln haben schlanke Stengel, die unten weiß sind und in dunkelgrünen Blättern auslaufen. Das in China am meisten verwendete Kraut.

FÜNF-GEWÜRZE-PULVER: Wie der Name schon sagt, besteht diese Mischung aus fünf oder mehr gemahlenen Gewürzen, darunter Sternanis, Fenchel, Gewürznelke, Zimt und Sichuan-Pfeffer.

GALGANTWURZEL: Galgant *(San Bai)* ist eine weiße ingwerähnliche Wurzel, die große Heilkräfte besitzen soll. Falls nicht erhältlich, kann man sie auch weglassen.

GARNELEN, GETROCKNET: Ca. 5 Minuten in warmem Wasser einweichen und dann alle Schalenreste entfernen.

GINSENG: Hochgeschätzte Arzneiwurzel, die manchmal zum Kochen verwendet wird. Ersatz: billigere, feine Nebenwurzeln oder geraspelter Ginseng.

GLUTAMAT: Auch wenn er im Westen aus der Mode gekommen ist, machen chinesische Köche oft Gebrauch von diesem Geschmacksverstärker.

HAIFISCHFLOSSEN: Transparente Fäden von getrockneten Haifischflossen (meist im Paket) werden wegen ihrer gallertartigen Beschaffenheit sehr geschätzt und für Suppen verwendet oder manchmal mit Eiern gekocht. Vor Gebrauch 30 Minuten in kochendem Wasser einweichen.

HOISIN-SOSSE: Eine süßliche, rotbraune Soße aus Sojabohnen, die zum Würzen von Fleisch verwendet und auch als Soße zum Dippen serviert wird.

HOLZOHRENPILZ: Ein schrumpeliger, graubrauner Pilz, vor Gebrauch 10 Minuten in warmem Wasser einzuweichen.

HÜHNERBRÜHE, GEKÖRNT: Wird besonders gerne in der Kanton-Küche verwendet. Sehr salzig, Vorsicht mit Salz.

INGWER: Frischer Ingwer wird für viele chinesische Gerichte verwendet und ist wie Knoblauch seiner Heilkraft wegen geschätzt. Die bräunliche Haut wird abgekratzt, der Ingwer dann sehr fein gehackt. Pulverisierter Ingwer ist als Zusatz für einige Rezepte akzeptabel, allerdings nicht als Ersatz für frischen Ingwer.

JAHRHUNDERTEIER: Enteneier werden mit einer Mischung aus pulverisiertem Kalk, Reishülsen und Salz bedeckt, dann läßt man sie mehrere Monate ruhen. Eier abschälen, vierteln oder hacken; das Eiweiß ist durchsichtig schwarz, das Eigelb grünlich.

KANDISZUCKER: Heller, transparenter Kandiszucker wird für bestimmte Desserts bevorzugt.

KNOBLAUCH: Knoblauch ist nicht nur wegen seines Geschmacks, sondern auch aufgrund seiner Heilkraft eine wichtige Zutat. Er sollte sehr fein gehackt werden.

KOHL, GESALZEN: Wird aus verschiedenen Kohlarten, meist aus Senfkohl, gemacht; er ist das chinesische Pendant zum Sauerkraut. Um Salz zu entfernen, sollte er ca. 1 Stunde eingeweicht werden, dabei das Wasser häufig wechseln.

KORIANDERGRÜN: Frische Korianderblätter, im Westen auch Cilantro oder „chinesische Petersilie" genannt, werden für Füllungen oder zum Garnieren verwendet. Der starke Eigengeschmack erinnert ganz und gar nicht an Petersilie.

LOTOS: Getrocknete **Lotosnüsse** weicht man 1 Stunde in kochendem Wasser ein, schält sie und entfernt den harten Kern. Lotosnüsse aus der Dose sind meist schon entkernt. **Lotoswurzel**, eine Knolle mit beiger Schale, die entfernt werden sollte, ist wegen ihrer knackigen Beschaffenheit beliebt und in Scheiben geschnitten ergibt sie spitzenähnliche Muster.

MOOSPILZE, SCHWARZ: Feiner haar-ähnlicher Pilz *(Fa Cai* oder *Fatt Choy* in Kanton), der vor Gebrauch in warmem Wasser quellen soll.

NUDELN: **Frische Nudeln** *(Mian)* werden entweder aus Weizen- oder Reismehl hergestellt. Sie werden in verschiedenen Stärken – von Suppennudeln bis zu Spaghetti – und Formen – von kleinen bis zu großen flachen Schleifen – angeboten. Packungen **getrockneter Nudeln** sind meist aus Weizenmehl (manchmal mit Eiern); **getrocknete Reisnudeln** und **Mungobohnennudeln** sind Glasnudeln

ÖL ZUM KOCHEN: gemischte Pflanzenöle (aber nie Olivenöl) werden von chinesischen Köchen zum Braten verwendet: **Erdnußöl** wird manchmal eingesetzt.

Galgantwurzel

Ginseng

Lotoswurzeln

Großer weißer Rettich

Eingelegter gesalzener Rettich

Rote Bohnen

Roter Reis

Sichuan-Pfeffer

ORANGENSCHALEN, GETROCKNET: Getrocknete Orangenschalen werden manchmal für Gerichte mit langer Kochzeit verwendet. Sie sind meist in Asienläden erhältlich. Ersatz: frische Schale.

PFLAUMENSOSSE: Diese pikante rotbraune Würze wird aus gesalzenen Pflaumen, Chilis, Essig und Zucker hergestellt.

PILZE, GETROCKNET, SCHWARZ: Getrocknete Pilze, entweder schwarz oder dunkelbraun, sollten vor Gebrauch 20 Minuten in warmem Wasser eingeweicht werden. Die Stiele entfernen. Nicht durch getrocknete europäische Pilze ersetzen, da der Geschmack anders ist.

PILZE, WEISS: Schrumpelige, goldfarbene getrocknete Pilze, die nach dem Einweichen transparent werden und wegen ihrer festen Konsistenz beliebt sind.

RAUPENPILZE: Diese getrockneten Schoten *(Cordiseps sinensis)*, weder Raupe noch Pilz, werden manchmal aufgrund ihrer medizinischen Wirkung verwendet.

REIS, ROT: Sehr kleine rotbraune Körner, Überbleibsel bei der Weinherstellung. Werden hauptsächlich wegen ihrer roten Farbe verwendet.

REISWEIN, CHINESISCHER: Verschiedene Sorten des „gelben Weins", aus fermentiertem Reis gewonnen, werden zum Kochen verwendet. Wein aus Shaoxing gilt als der beste, ist meist in Chinaläden erhältlich. Ersatz: trockener Sherry.

RETTICH, GROSS, WEISS: Japanischer Name: *Daikon*. Wird entweder als Gemüse oder gesalzen und eingelegt verwendet. **Eingelegter gesalzener Rettich** wird wegen seines knackigen, salzigen Geschmacks oft zu Reisbrei und anderen Gerichten gereicht.

SCHALOTTEN: Kleine runde, rote Zwiebeln, die mild und süßlich schmecken.

SCHNITTLAUCH: „Chinesischer" oder „grober" Schnittlauch hat dunkelgrüne, flache Blätter, ist ca. 30 cm lang und wird als Gemüse und zum Würzen eingesetzt. Er schmeckt intensiver als normaler Schnittlauch und wird auch mit Blütenköpfen verkauft.

SESAM: **Schwarze** und **weiße Sesamkörner** geben vielen Gerichten Geschmack und Biß. **Sesamöl** wird nur zum Würzen und nicht zum Braten verwendet. **Sesampaste** wird aus gemahlenen und gerösteten Sesamkörnern hergestellt. Man kann sie auch durch Erdnußbuttter ersetzen.

SICHUAN-PFEFFER: Eine rötlich-braune Beere mit starkem Eigengeruch und -geschmack; wird vor allem in der Küche Sichuans verwendet. Japanische Bezeichnung: *Sansho*.

SOJABOHNEN, GESALZEN: Fermentierte gesalzene Sojabohnen in einer bräunlichen Soße oder Paste werden meist in Gläsern angeboten. Vor Gebrauch leicht zerdrücken. Sie werden oft verwirrenderweise als gelbe Bohnenpaste ausgezeichnet. Manche Sorten sind bereits gesüßt, aber dann steht das auch auf dem Etikett. Die Sorten aus Sichuan enthalten Chilis.

SOJASOSSE: In der chinesischen Küche werden drei Sorten verwendet: **helle Sojasoße**, dünner, heller und salziger als **schwarze Sojasoße**, die oft als Farbtupfer zu einem Gericht gegeben wird. Die zart schmeckende **rote Sojasoße** wird selten verwendet. Ersatz: helle Sojasoße.

SOSSE, SÜSS: Es gibt verschiedene **süße schwarze** und **rote Soßen**, die zum Abschmecken verwendet werden.

STÄRKEMEHL: Feines weißes Stärkemehl wird oft zum Verdicken von Soßen verwendet. Stärkemehl mit Wasser im Verhältnis 1:1 mischen und in den Topf geben und kochen, dabei einige Sekunden umrühren, bis die Soße sämig wird.

STERNANIS: Das sternförmige braunschwarze Gewürz mit acht Zacken, die alle ein glänzendes Samenkorn tragen, schmeckt stark nach Anis und wird oft mit Rindfleisch gekocht.

TOFU: Diverse Tofusorten werden aus geronnener Sojabohnen-„Milch" gewonnen. Würfel aus **weichem Tofu** *(Dou Hua)* werden meist für Suppen oder pfannengerührte Gerichte verwendet. Tofu wird auch zu **hartem Tofu** *(Dou Fu)* gepreßt. Bräunlicher, **getrockneter, fritierter Tofu** ist außen knusprig und innen porös; vor Gebrauch kurz in kochendem Wasser blanchieren, um überschüssiges Fett zu entfernen. Blätter aus getrockneter Tofuhaut, die von der kochenden Sojamilch abgeschöpft wird, werden zum Einwickeln verwendet; lange, dünne Streifen **Tofuhaut** werden manchmal zu Fleisch- und Gemüsegerichten gegeben. Roten oder weißen **fermentierten Tofu** gibt es gewürfelt in Gläsern.

WASSERKASTANIEN: Kleine knackige, leicht süßlich schmeckende Knollen mit bräunlicher Haut.

YAMSWURZEL: Stärkehaltige Knolle, deren neutrales Fruchtfleisch leicht rosafarben ist. Als Gemüse und für Dessert.

YUNNAN-SCHINKEN: Geräucherter, gesalzener Schinken, hauptsächlich zum Würzen verwendet, fest und sehr schmackhaft. Außerhalb Chinas wird er in Dosen angeboten. Ersatz: geräucherter Schinken aus Italien, Frankreich oder Spanien.

ZIMT: Die Rinde des Zimtkassiabaumes ist dicker und geschmacksintensiver als der übliche Ceylon-Zimt.

Sternanis

Yamswurzel

Wasserkastanien

Weißer Pilz

Teil III: Die Rezepte

Auf die Grundrezepte für Eingelegtes, Soßen, Dips und Brühen folgen ab Seite 38 die Hauptgerichte

EINGELEGTES

Eingelegter Rettich mit Karotten

1 kleiner geschälter weißer Rettich
1 mittelgroße geschälte Karotte
2 EL Salz
1 roter Chili, entkernt
2 EL Zucker
2 EL weißer Reisessig

Rettich und Karotte in streichholzgroße Stücke schneiden, in eine Schüssel geben, salzen und gut vermischen. 15 Minuten ziehen lassen, dann ausdrücken. Chili in sehr feine Längsstreifen schneiden und zusammen mit dem Zucker und dem Essig zur Rettich-Karotten-Mischung geben. Vermischen und vor dem Servieren kaltstellen.

Eingelegte Chilis nach Hunan-Art

5 rote und 5 grüne Chilis
5 Zehen Knoblauch
1 mittelgroße Zwiebel
1 EL Öl
$^1/_4$ TL Salz

Chilis, Knoblauch und Zwiebel grob hacken. Öl erhitzen und die gehackten Zutaten 1 Minute pfannenrühren. Salzen und warm oder bei Zimmertemperatur als Vorspeise oder Beilage servieren.

Mengenangaben

Die Mengenangaben in diesem Buch sind wie folgt:

1 **Tasse** entspricht 250 ml; 1 **Teelöffel** (TL) entspricht 5 ml, 1 **Eßlöffel** (EL) entspricht 15 ml bzw. 3 Teelöffeln.

Zeitangaben

Die Zeitangaben beziehen sich lediglich auf die Vorbereitungszeiten und schließen die eigentliche Kochzeit nicht mit ein.

◷ *schnell und sehr einfach zuzubereiten*

◷◷ *relativ einfach; weniger als 15 Minuten Vorbereitungszeit*

◷◷◷ *mehr als 15 Minuten Vorbereitungszeit*

***Links**: Im Uhrzeigersinn von oben: eingelegter Knoblauch, würzig eingelegter Kohl, marinierte Gurke, eingelegter Rettich mit Karotten, eingelegte grüne Chilis, marinierte Brokkolistiele und Erdnüsse (kein Rezept). Mitte: eingelegte Chilis nach Hunan-Art.*

Eingelegte grüne Chilis

30 grüne, in Scheiben geschnittene Chilis
4 Tassen weißer Reisessig
1 EL Salz

Die geschnittenen Chilis 15 Minuten in 2 Tassen Essig kochen. Abgießen und Essig wegschütten. Chilis mit dem übrigen Essig und Salz in ein trockenes Glas geben. Zugedeckt mehrere Tage stehenlassen. Zu Nudelgerichten oder als Vorspeise servieren.

Marinierte Brokkolistiele

Brokkolistiele von 2 Brokkoliköpfen
1 Tasse Wasser
1 TL Salz
1 ganzer Sternanis
Eine Prise getrocknete Chilis (wahlweise)

Brokkolistiele schälen und in 0,5 cm breite Streifen schneiden; dies sollte 1 Tasse voll ergeben. Mit den übrigen Zutaten vermengen und 8 Stunden marinieren. Abgetropft als Vorspeise servieren.

Marinierte Gurke

1 Gurke mit Schale
3 EL Öl zum Kochen
2 TL feingehackter Knoblauch
1 TL Sesamöl
$1\frac{1}{2}$ TL Zucker
$\frac{1}{2}$ TL Salz

Gurke waschen, der Länge nach vierteln und die Kerne entfernen. Fleisch in streichholzgroße Stücke schneiden und in eine Schüssel geben. Öl erhitzen und Knoblauch einige Sekunden pfannenrühren, bis er goldgelb wird. Über die Gurke geben und mit den übrigen Zutaten vermischen. Kaltstellen und als Vorspeise oder als Beilage zu Gerichten reichen.

***Unten**: Chili-Knoblauch-Soße (oben), Ingwer-Knoblauch-Soße (rechts) und in Scheiben geschnittene Chilis in Sojasoße (kein Rezept).*

Eingelegter Knoblauch

3 Tassen Wasser
6–8 ganze Knoblauchknollen mit Schale
1 Tasse weißer Reisessig
3 EL Zucker
1 TL Salz
1 Lorbeerblatt

Wasser aufkochen, Knoblauch dazugeben und vom Feuer nehmen. Übrige Zutaten dazugeben und abkühlen lassen. Knoblauch in ein Glas geben, mit Flüssigkeit auffüllen und 3 Tage zugedeckt ziehen lassen. Abgetropft als Beilage/Vorspeise servieren.

Eingelegter würziger Kohl

250 g langer weißer Chinakohl
1 EL Salz
3 rote Chilis, entkernt, in Streifen geschnitten
2,5 cm Ingwer, fein geschnitten
4 EL Zucker
4 EL weißer Reisessig
1 EL Öl zum Kochen

Kohlblätter waschen, abtrocknen und in 6 x 2 cm große Stücke schneiden. In eine Schüssel geben, mit Salz bestreuen, mischen und 1 Stunde ziehen lassen. Abgießen und abtropfen lassen. In einer trockenen Schüssel mit den übrigen Zutaten, außer dem Öl, vermischen. In ein Glas geben. Öl erhitzen und darüber gießen. Nach dem Abkühlen gut verschließen. Im Kühlschrank 2 Tage ziehen lassen.

SOSSEN UND DIPS

Ingwer-Knoblauch-Soße

30 g junger Ingwer
6 Knoblauchzehen
1 TL Salz
1 TL Zucker
1 TL Sesamöl
1 EL Öl zum Kochen

Ingwer und Knoblauch pürieren und mit den übrigen Zutaten vermischen. In ein Glas mit Deckel geben und kurz vor dem Servieren durchschütteln.

Chili-Knoblauch-Soße

5 rote gehackte Chilis
3 gehackte Knoblauchzehen
3 EL weißer Reisessig
1 TL Zucker
½ TL Salz

Alle Zutaten fein pürieren. Im verschlossenen Glas im Kühlschrank aufbewahren. Zu gedämpftem Geflügel und anderen Gerichten reichen.

Soja-Ingwer-Dip

2 TL helle Sojasoße
2 EL sehr feingehackter Ingwer
1 EL Frühlingszwiebeln, in feinen Scheiben
½ TL Zucker
2 EL Erdnußöl, 1 EL Sesamöl

Sojasoße, Ingwer, Zwiebeln und Zucker vermischen. Öle erhitzen, bis sie rauchen, dann über die Ingwermischung gießen und verrühren. Sofort zu gedämpftem Huhn oder Fisch servieren.

Ingwer-Dip mit schwarzem Essig

8 cm junger Ingwer, geputzt und sehr fein geraspelt
3 EL schwarzer Reisessig

Ingwer und Essig vermischen. Zu Peking-Teigtaschen bzw. *Dim Sum*-Gerichten servieren.

***Oben**:*
Im Uhrzeigersinn von links oben: Sesamsoße, scharfe Soja-Sesam-Soße, Sichuan-Pfeffer-Öl und Ingwer-Dip mit schwarzem Essig.

Sesamsoße

4 EL Sesampaste
4 EL kalte Hühnerbrühe (Seite 36)
1 TL Sesamöl
½ TL Salz
½ TL Zucker

Zutaten gut vermischen und zu Meeresfrüchten servieren.

Scharfe Soja-Sesam-Soße

3 EL helle Sojasoße
2½ EL weißer Reisessig
1 EL Worcestershire-Soße
1 EL gemahlene Sichuan-Pfefferkörner oder *Sansho*
1 EL Frühlingszwiebeln, in feinen Streifen
1 TL Sesamöl

Alle Zutaten in einer Schüssel vermischen. Zum Marinieren von Fleisch oder als Dip zu gedämpftem Gemüse verwenden. (Die Verwendung der englischen Worcestershire-Soße ist unkonventionell und zeigt die Bereitschaft chinesischer Köche, auch zu Zutaten aus dem Ausland zu greifen.)

Sichuan-Dip mit Salz und Pfeffer

2 TL gemahlene Sichuan-Pfefferkörner oder *Sansho*
1 TL Salz
½ TL Zucker

Vermischen und zu Sichuan-Ente, fritiertem Huhn und anderen Geflügelgerichten servieren.

Chiliöl

¾ Tasse Erdnußöl
1 EL Sichuan-Pfefferkörner
2 getrocknete Chilis, in Scheiben geschnitten

Wok erhitzen und Öl, Pfefferkörner und Chilis hineingeben. Bei niedriger Hitze 10 Minuten kochen. Abkühlen lassen, dann 2–3 Tage zugedeckt in Gläsern aufbewahren. Pfefferkörner und Chilis entfernen. Öl an einem kühlen Ort in dicht schließender Flasche bis zu 6 Monaten aufbewahren.

***Mitte**: Wachtel-, Hühner- und Enteneier, entweder frisch, gesalzen oder eingelegt, sind in ganz China beliebt.*
***Rechts**: Eine Auswahl an frischen und getrockneten Nudeln. In manchen Gegenden Chinas werden auch heute noch Nudeln täglich frisch zubereitet.*

Sichuan-Pfefferöl

2 EL Sichuan-Pfefferkörner
¾ Tasse Erdnußöl

Pfefferkörner im trockenen Wok pfannenrühren, bis sie ihr Aroma entfalten. Öl dazugeben und bei niedriger Hitze 10 Minuten braten. Abkühlen lassen und in einem zugedeckten Glas 1–2 Tage aufbewahren. Pfefferkörner entfernen. Öl ist an kühlem Ort und in dichter Flasche bis zu 6 Monaten haltbar.

BRÜHEN

Gourmet-Brühe

500 g Schweinerippchen, blanchiert
375 g Hühnchenteile, blanchiert
375 g Ententeile, blanchiert
375 g geräucherter Schinken
2 Frühlingszwiebeln, grob gehackt
5 cm Ingwer, in Scheiben geschnitten
¼ Tasse chinesischer Reiswein
20 Tassen Wasser

Alle Zutaten 2 Stunden im offenen Topf köcheln lassen. Brühe durch ein Küchentuch sieben.

Hühnerbrühe

1 Suppenhuhn oder 1,5 kg Hühnchenteile
1 Selleriestange mit Blättern, gehackt
5 cm Ingwer, zerstoßen
10 Tassen Wasser (2,5 Liter)

Huhn oder Hühnchenteile in einen großen Topf mit kochendem Wasser geben und 1 Minute köcheln lassen. Wasser abgießen und dann Fleisch und alle übrigen Zutaten in frisches Wasser geben. Aufkochen lassen und im offenen Topf 2 Stunden köcheln lassen. Ständig Schaum oder andere Teilchen, die nach oben steigen, abschöpfen. Brühe durch ein Küchentuch sieben. Die Brühe kann in großen Mengen zubereitet werden und in kleinen Portionen für den weiteren Gebrauch eingefroren werden.

Instant
AMOY
1ST GRADE

QING JIAO BAN PI DAN & LIANG BAN HUANG GUA

Jahrhunderteier mit Paprikaschoten & Sichuan-Gurke mit getrockneten Garnelen

JAHRHUNDERTEIER MIT PAPRIKASCHOTEN

Bei diesem einfachen und innovativen chinesischen Rezept werden Jahrhunderteier mit ihrem kräftigen Geschmack und zarten Biß mit grünen Paprikaschoten kombiniert. ⌚

2 Jahrhunderteier, geschält und in Spalten geschnitten
1 grüne Paprikaschote, gegrillt, bis die Haut leicht braun wird
$^1/_2$ TL helle Sojasoße
$^1/_2$ TL weißer Reisessig
$^1/_2$ TL Erdnußöl
$^1/_2$ TL Salz
$^1/_4$ TL Zucker
3 cm Ingwer, in sehr feine Streifen geschnitten
1 roter Chili, entkernt und in sehr feine Streifen geschnitten

Die Eier richten Sie auf einer Platte an. Gegrillte grüne Paprika in Streifen schneiden und Kerne entfernen. Sojasoße mit Essig, Öl, Salz und Zucker gut vermischen. Über die Eier und die Paprika geben und mit Ingwer und Chilis garnieren.

***Rechts**: Sichuan-Gurke mit getrockneten Garnelen (oben links) und Jahrhunderteier mit Paprikaschoten (rechts).*

SICHUAN-GURKE MIT GETROCKNETEN GARNELEN

Einfach und preiswert. Diese Vorspeise erhält ihre besondere Note durch die getrockneten Garnelen und die Sichuan-Chilipaste. ⌚

1 große Gurke oder 2 kleine Gurken mit Schale
$^1/_2$ TL Salz
2 EL getrocknete Garnelen, 5 Minuten einweichen, dann fein hacken
$^1/_2$–1 EL Sichuan-Chilipaste
$1^1/_2$ TL helle Sojasoße
$1^1/_2$ TL Öl
Eine Prise Zucker

Große Gurken der Länge nach vierteln, kleine dünne (oft als japanische oder armenische Gurken bezeichnet) der Länge nach halbieren. Gurkenstücke in diagonale Stücke schneiden. Mit Salz bestreuen.

Alle übrigen Zutaten in eine Schüssel geben, Gurke dazugeben und gut vermischen. Sofort servieren.

THE TASHEE CIGARETTES
50 CIGARETTES

GONG CAI XIAN SHEN PIAN & NU ER HONG NIU ROU

Enteninnereien & Marinierte Rindfleischscheiben

***Rechts**: Enteninnereien (oben rechts) und marinierte Rindfleischscheiben (Mitte).*

ENTENINNEREIEN

Enten- oder Hühnerinnereien werden im Westen oft weggeworfen oder in den Suppentopf verbannt. In China sind sie jedoch aufgrund ihrer zarten Konsistenz und ihres Geschmacks sehr beliebt. Das Wort *Gong* im Rezeptnamen bedeutet „Zuwendung für den Kaiser". ⌚

300 g Enten- oder Hühnerinnereien
2 TL Salz
4 ganze Sternanis
4 Lorbeerblätter
100 g gesalzener Senfkohl, eingeweicht, ausgedrückt und in Scheiben geschnitten
1 TL Sesamöl

Innereien säubern und abwaschen. Mit Salz, Sternanis und Lorbeerblättern in eine Pfanne geben. Mit Wasser bedecken, aufkochen und dann ca. 30 Minuten köcheln lassen, bis sie weich sind. Innereien herausnehmen, abtropfen lassen und bis zum Gebrauch im Kühlschrank aufbewahren.

Vor dem Servieren in dünne Scheiben schneiden, dann mit dem gesalzenen Kohl und dem Sesamöl vermischen. Je nach Geschmack mit einer kleinen roten, in Scheiben geschnittenen Chilischote dekorieren. Kalt servieren.

MARINIERTE RINDFLEISCHSCHEIBEN

Roter Reis (siehe Seite 30), der in jedem Asienladen erhältlich sein sollte, wird hauptsächlich verwendet, um etwas natürliche rote Farbe zu erzielen. Er kann jedoch auch weggelassen werden. ⌚

400 g Rinderbrust, in einem Stück
2 TL roter Reis (wahlweise)
2 EL chinesischer Reiswein
2 TL Salz
4 Lorbeerblätter

Rindfleisch in einen Topf mit Wasser geben. Das Fleisch sollte bedeckt sein. Die übrigen Zutaten dazugeben und zugedeckt köcheln lassen, bis das Fleisch weich ist. Fleisch ab und zu wenden und evtl. etwas Wasser nachgießen. Auskühlen lassen. Vor dem Servieren dünn aufschneiden und auf einer Platte anrichten. Dazu einen Dip reichen.

BAO BING

Frische Frühlingsrollen

Diese schmackhaften Rollen sind in der südöstlichen Provinz Fujian sehr beliebt. Mit ihrer frischen, weichen Teighülle werden sie in einigen Teilen Asiens auch *Popiah* genannt. Wenn diese Teighüllen nicht erhältlich sind, können auch philippinische *Lumpia* oder ein sehr dünner Pfannkuchen aus Mehl, Eiern und Wasser verwendet werden. Es ist zwar dann keine echte *Bao Bing*-Hülle, aber die Füllung ist so köstlich, daß dies keine Rolle spielt. ⌚⌚⌚

300 g kleine Krabben
1 1/2 EL Schweineschmalz oder Öl
2 Würfel harter Tofu, geraspelt
250 g mageres Schweinefleisch, geschabt
375 g Bambussprossen, geraspelt
1 große Karotte, in streichholzgroßen Stücken
350 g runder Kohl, in streichholzgroßen Stücken
75 g Zuckerschoten, der Länge nach geraspelt
1 EL sehr fein zerstoßener Knoblauch
1/2 Tasse Austern (wahlweise)
2 TL Salz
1/2 TL Zucker
1 EL chinesischer Reiswein
10-12 frische Teighüllen *(Bao Bing)* oder *Lumpia*-Teighüllen
1 EL verquirlter Senf
1 EL Chilipaste
1/2 Tasse sehr fein geschnittene Algen
2 EL Koriandergrün, gehackt

Krabben säubern. Köpfe und Schalen in einen Topf mit 3 Tassen Wasser geben und 10 Minuten köcheln. Durch ein Sieb drücken, um möglichst viel Brühe zu erzielen. Beiseite stellen.

Schmalz oder Öl erhitzen und Tofu darin goldbraun anbraten. Schweinefleisch, Krabben und Bambussprossen dazugeben und bei mittlerer Hitze ca. 5 Minuten pfannenrühren. Krabbenbrühe dazugeben und zugedeckt bei niedrigster Hitze 2 Stunden köcheln. Karotten unterrühren und weitere 30 Minuten kochen, dann die Zuckerschoten, Knoblauch und evtl. Austern dazugeben. 5 Minuten köcheln lassen, dann mit Salz, Zucker und Reiswein abschmecken. Sollte die Mischung zu trocken werden, etwas Wasser hinzufügen.

Die *Bao Bing*-Hüllen kurz vor Gebrauch mit Senf und Chilipaste einstreichen. 2 gehäufte Eßlöffel der gekochten und gut ausgedrückten Mischung daraufgeben. Mit etwas Algen und Koriander bestreuen, dann aufrollen und die Teigenden einstecken. Wiederholen, bis die Füllung aufgebraucht ist. Jedes *Bao Bing* vor dem Servieren in 3 oder 4 Stücke schneiden.

Tip: Wenn chinesische Sorten nicht erhältlich sind, können japanische Algen *(Nori)* verwendet werden. Sie werden meist in Bögen gepreßt angeboten und lassen sich mit einem Messer schneiden.

CONG SHAO HUO CUI BING & CHAO LIAN XIA XIE JIAO

Teigtaschen mit Schinkenfüllung & Meeresfrüchte im Tofumantel

Rechts: *Teigtaschen mit Schinkenfüllung (links auf der großen Servierplatte) und Meeresfrüchte im Tofumantel (rechts auf der Servierplatte).*

TEIGTASCHEN MIT SCHINKENFÜLLUNG ⌚⌚

Füllung:

250 g Yunnan- oder anderer geräucherter Schinken, in einem Stück
100 g Frühlingszwiebeln, in feinen Scheiben
2 TL Zucker
2 TL Sesamöl

Teig:

500 g Mehl
6 EL Pflanzenöl
2 TL Sesamöl
Etwa 1½ Tassen warmes Wasser
Öl zum Fritieren

Schinken 30 Minuten dämpfen. Abkühlen lassen und fein hacken. Gut mit den übrigen Zutaten der **Füllung** vermengen und beiseite stellen.

Alle Zutaten für den **Teig** gut durchkneten, bis der Teig geschmeidig ist. In zwei Portionen teilen, einen Teil zu einer Kugel formen und beiseite stellen. Den Rest zu einer Dicke von ca. 1 cm ausrollen. Den Teigball in die Mitte setzen und in den ausgerollten Teig wickeln. Diesen größeren Teigball wiederum auf ca. 0,5 cm ausrollen.

Teig in 8 cm große Quadrate schneiden. Jeweils 1 Eßlöffel der Füllung in die Mitte der Quadrate setzen und zu einem Dreieck zusammenklappen. Die Kanten gut zusammendrücken. Jede gefüllte Tasche in etwas Öl anbraten, bis sie etwas Farbe angenommen hat. Abtropfen lassen, dann einige Sekunden in sehr heißem Öl fritieren, bis sie knusprig und goldbraun ist.

MEERESFRÜCHTE IM TOFUMANTEL ⌚⌚

200 g geschälte Garnelen
100 g Krebsfleisch, frisch oder aus der Dose
2 Wasserkastanien, grob gehackt
1 EL gehackte Korianderblätter
1 TL Salz
3–4 große Scheiben getrockneter Tofu
1 TL Stärkemehl, mit Wasser verrührt
Öl zum Fritieren

Garnelen und Krebsfleisch in einem Mixer grob zerhacken. Wasserkastanien, Koriander und Salz dazugeben und noch einige Sekunden mixen.

Tofuscheiben mit einem feuchten Tuch abwischen, damit sie geschmeidig werden, dann in 12 cm große Quadrate schneiden. Einen gehäuften Löffel der Füllung darauf verteilen. Die äußere Kante mit der Stärkemischung einstreichen, dann zusammenklappen und aufrollen, damit die Füllung gut eingeschlossen ist. In heißem Öl knusprig und goldbraun fritieren. Vor dem Servieren in mundgerechte Stücke schneiden.

JIU SE CHAN HE

Neun kalte Vorspeisen

***Rechts**:*
In der Mitte der Platte: Karotten-Rettich-Rollen. Im Uhrzeigersinn von oben: Kaninchen mit Fruchtsaft, würziges Hühnchen, gedämpfte Hühnchenflügel, gedämpftes Schweinefleisch mit Knoblauch, fritiertes Schweinefleisch mit Orangenschale, Fisch mit fünf Gewürzen, gekochte Schweinezunge und Sesam-Tintenfisch.

Chinesische Festessen beginnen meist mit einer Platte kalter Vorspeisen, um den Gaumen auf die darauffolgenden scharfen Speisen vorzubereiten. Die hier vorgestellten neun Rezepte sind Beispiele für die unterschiedliche Zubereitung von Sichuan-Speisen.

GEDÄMPFTE HÜHNCHENFLÜGEL ⌚⌚

8 mittelgroße Garnelen
1 TL Stärkemehl
4 Hühnchenflügel, ohne Knochen
1 EL Frühlingszwiebeln, in feinen Scheiben
1 cm Ingwer, in feine Scheiben geschnitten
1 TL Salz
¼ TL weißer gemahlener Pfeffer
2 EL chinesischer Reiswein

Garnelen schälen und säubern, Köpfe und Schalen entfernen. Garnelenfleisch fein hacken oder mixen. Mit Stärke vermischen und beiseite stellen. Hühnchenflügel mit den übrigen Zutaten in eine Schüssel geben (außer der Garnelenpaste), gut vermischen und 10 Minuten ziehen lassen. Flügel herausnehmen, dabei alle anhaftenden Zwiebel- oder Ingwerstücke gut abkratzen. Jeden Flügel mit Garnelenpaste füllen und auf einen Teller legen. 8–10 Minuten dämpfen, auskühlen lassen. Vor dem Servieren in 0,5 cm große Scheiben schneiden.

GEDÄMPFTES SCHWEINEFLEISCH MIT KNOBLAUCH ⌚⌚

250 g Schweinekeule ohne Knochen
¼ Tasse helle Sojasoße
1 TL zerstoßene Knoblauchpaste
2 TL Zucker
1 TL Chiliöl (Seite 36)
1 TL Sesamöl

Fleisch in einer zugedeckten Schüssel weich dämpfen. Abkühlen lassen, dann in möglichst dünnen Scheiben auf einer Platte anrichten. Die übrigen Zutaten gut vermischen; über das Fleisch gießen. Sofort servieren.

FRITIERTES SCHWEINEFLEISCH MIT ORANGENSCHALE ⌚⌚

200 g Schweinelende oder -filet, in dünnen Scheiben
½ Tasse chinesischer Reiswein
2,5 cm Ingwer, in feinen Scheiben
1 EL Frühlingszwiebeln, in feinen Scheiben
1 TL Salz, Öl zum Fritieren
2 getrocknete Chilis, in 0,5 cm große Stücke geschnitten
1 Streifen getrocknete Orangenschale, 5 x 2 cm
½ Tasse Gourmet- oder Hühnerbrühe (Seite 36)
¼ Tasse Sesamöl

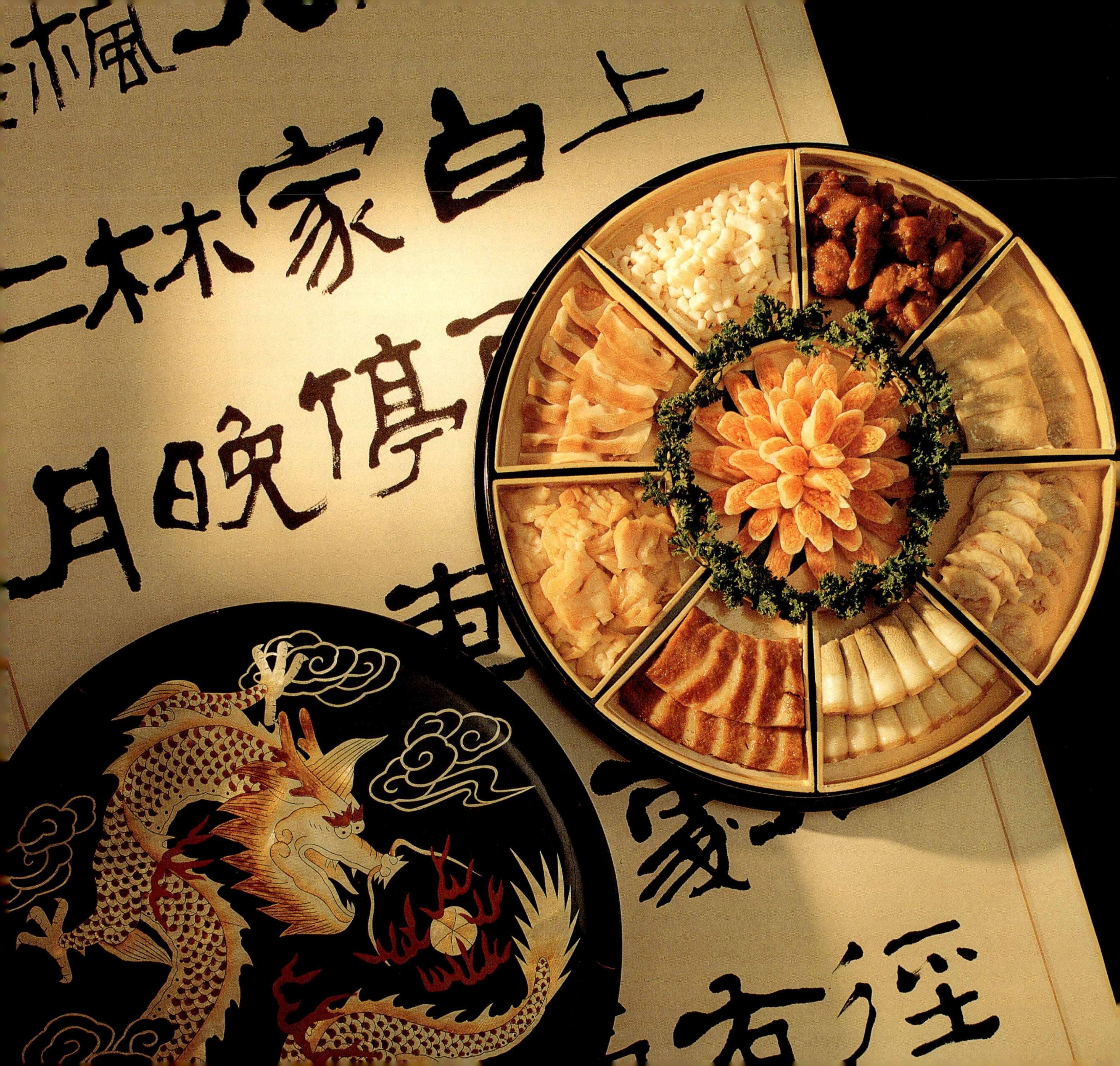

Schweinefleisch 30 Minuten im Wein, der Hälfte des Ingwers, der Hälfte der Zwiebeln und dem Salz marinieren. Wok erhitzen und so viel Öl hineingeben, daß das Fleisch fritiert werden kann. Alle Ingwer- und Zwiebelteile vom Fleisch abkratzen, dann das Fleisch goldbraun fritieren. Abtropfen lassen und Öl bis auf einen Teelöffel abgießen.

Die getrockneten Chilis fritieren, bis sie rotbraun sind, dann den restlichen Ingwer, die Zwiebeln und Orangenschale hinzugeben und gut umrühren. Brühe dazugeben und 1 Minute kochen, dann das Fleisch dazugeben und 2–3 Minuten köcheln lassen. Abschmecken und evtl. nachsalzen, dann das Sesamöl unterrühren. Fleisch in der Soße abkühlen lassen. Vor dem Servieren abtropfen lassen.

WÜRZIGES HÜHNCHEN ⌚⌚

1 Hühnerbein
¼ Tasse helle Sojasoße
¼ Tasse chinesischer Reiswein
1 EL Chiliöl (Seite 36)
½ EL Sesamöl
½ TL sehr feingehackter Knoblauch
½ TL sehr feingehackter Ingwer
1 TL Sesampaste oder weiche Erdnußbutter
½ TL gemahlene Sichuan-Pfefferkörner oder *Sansho*
1 TL Frühlingszwiebeln, in feinen Scheiben
½ EL Sesamkörner, goldbraun geröstet

Hühnerbein mit Wasser bedeckt bei niedriger Hitze gar kochen. Auskühlen lassen und Knochen auslösen, dann in dünne Scheiben schneiden und auf einer Servierplatte anrichten. Alle übrigen Zutaten, außer Zwiebeln und Sesamkörnern, in den Wok geben und zum Kochen bringen. Bei niedriger Hitze 10 Minuten köcheln lassen, ab und zu umrühren. Vom Feuer nehmen, auskühlen lassen, dann das Fleisch dazugeben. Mit Frühlingszwiebeln und Sesamkörnern bestreuen (ohne Abbildung).

FISCH MIT FÜNF GEWÜRZEN ⌚⌚

300 g weißes Fischfilet, in Scheiben geschnitten
1 TL chinesischer Reiswein
1 TL Salz
1 EL Frühlingszwiebeln, in feinen Scheiben
2,5 cm Ingwer, fein geraspelt
Öl zum Fritieren
5 ganze Sternanis
8 cm Zimtstange
1 getrockneter roter Chili, in 1 cm große Stücke geschnitten
½ Tasse Gourmet- oder Hühnerbrühe (Seite 36)
1 TL Sesamöl

Fisch 15 Minuten in Reiswein mit Salz und jeweils der Hälfte der Zwiebeln und des Ingwers marinieren. Wok erhitzen und ausreichend Öl zum Fritieren hineingeben. Fisch von allen Marinaderesten säubern und goldgelb fritieren. Herausheben und abtropfen lassen. Öl bis auf 1 Teelöffel abgießen, dann restlichen Ingwer und Zwiebeln, Sternanis, Zimt und Chili dazugeben. Einige Sekunden umrühren, dann Brühe dazugießen und 5 Minuten köcheln lassen. Fritierten Fisch dazugeben und weitere 2 Minuten kochen. Sesamöl unterrühren und vom Feuer nehmen. Fisch in der Soße auskühlen lassen. Vor dem Servieren abtropfen lassen.

KANINCHEN MIT FRUCHTSAFT ⌚⌚

300 g Kaninchenschlegel, ausgelöst und in 1 cm große Würfel geschnitten

4 cm Ingwer, in feinen Scheiben
1 EL Frühlingszwiebeln in feinen Scheiben
1 TL Salz
Öl zum Fritieren
1/2 Tasse Gourmet- oder Hühnerbrühe (Seite 36)
1 Tasse Ananassaft, 1 Tasse Orangensaft

Kaninchen 15 Minuten in Ingwer, Zwiebeln und Salz marinieren. Im Wok ausreichend Öl zum Fritieren des Kaninchens erhitzen. Kaninchen von jeglichen Marinaderesten säubern und dann goldbraun fritieren. Herausnehmen und abtropfen lassen. Wok sauber machen, Brühe und beide Obstsäfte hineingießen. 5 Minuten köcheln lassen, dann das fritierte Kaninchen dazugeben und 5 Minuten köcheln lassen. In der Soße abkühlen lassen und erst kurz vor dem Servieren abtropfen lassen.

GEKOCHTE SCHWEINEZUNGE

150 g Schweinezunge
2 TL Sichuan-Pfefferöl (Seite 36)
2 Tassen Gourmet- oder Hühnerbrühe (Seite 36)
1 TL Salz
1 EL Frühlingszwiebeln
2 TL Erdnuß- oder Salatöl

Zunge mit Wasser bedeckt bei niedriger Hitze gar kochen. Abkühlen lassen, dann in Scheiben schneiden. Wok erhitzen und Sichuan-Pfefferöl, Brühe und Salz hineingeben. Auf die Hälfte einköcheln lassen, dann die Zunge dazugeben. Zwiebeln und Erdnußöl in einer Schüssel vermischen. Vor dem Servieren Zunge abtropfen lassen, auf eine Platte legen und mit den Zwiebeln garnieren.

SESAM-TINTENFISCH

150 g Tintenfisch, enthäutet und gereinigt
1 Tasse Wasser
1 TL Salz
1 EL Sesampaste, 2 TL Sesamöl

Tintenfisch in ca. 5 x 2 cm große Stücke schneiden. Mit einem scharfen Messer rautenförmige Muster einschneiden, dabei das Fleisch halb durchschneiden, damit sich die Tintenfischstücke beim Kochen etwas einrollen. Wasser und Salz zum Kochen bringen und den Tintenfisch hineingeben. Köcheln lassen, bis der Tintenfisch weiß wird und sich aufrollt (ca. 1 Minute), dann abtropfen lassen.

Sesampaste und Öl in einer Schüssel vermischen, den Tintenfisch dazugeben und gut vermengen.

KAROTTEN-RETTICH-ROLLEN

75 g geraspelte Karotten
75 g großer weißer Rettich, geschält, der Länge nach so dünn wie möglich geschnitten
3 TL Zucker
2 TL weißer Reisessig
2 TL Sesamöl
1/2 TL Salz

Karotten und Rettich separat in etwas kochendem Wasser blanchieren. Gut abtropfen lassen und mit Küchenpapier trockentupfen. Rettichscheiben auf ein flaches Brett legen und jeweils etwas von den geraspelten Karotten in die Mitte setzen. Rettichscheiben aufrollen und dann jede Rolle diagonal in ca. 1 cm große Stücke schneiden.

Auf einer Platte anrichten. Die übrigen Zutaten verrühren, bis sich der Zucker aufgelöst hat. Über die Rollen gießen und servieren.

DONG GUA TANG

Wintermelonensuppe

Ein klassisches Restaurantgericht, das sowohl aufgrund der schönen Präsentation der Wintermelone, die mit wunderschönen Schnitzereien verziert wird, als auch wegen des klaren Geschmacks der Brühe geschätzt wird. Wintermelone soll sehr *yin* sein, den Körper reinigen und kühlen und gut für die Haut sein. Da bei diesem Rezept der Geschmack der Hühnerbrühe und das zarte Aroma der Wintermelone im Vordergrund stehen, sollte unbedingt Gourmet-Brühe oder eine gute frische Hühnerbrühe, jedoch kein Brühwürfel verwendet werden. 🕘🕘

1 große Wintermelone
1 TL Salz
6 Tassen Gourmet- oder Hühnerbrühe (Seite 36)
125 g Strohpilze, halbiert
50 g gekochte Hühnerbrust, in Streifen geschnitten
50 g gekochtes Entenfleisch, in Streifen geschnitten (oder die Menge des Hühnerfleisches verdoppeln)
50 g gekochte Leber (von Ente, Huhn oder Schwein), in Streifen geschnitten
25 g gekochtes Krebsfleisch oder aus der Dose
50 g Spargelspitzen aus der Dose, abgetropft
6 getrocknete Lotosnüsse, eingeweicht, geschält und ohne Kern
Salz zum Abschmecken

Eine Wintermelone auswählen, die mindestens 6 Tassen (1,5 Liter) Flüssigkeit aufnehmen kann. Deckel abschneiden, und wenn die Melone sehr groß ist, kann sie auch halbiert werden. Schale dekorativ einschnitzen. Fasern und Kerne aus der Mitte entfernen. Fruchtfleisch bis auf einen Rand von ca. 2 cm aushöhlen. Innen mit Salz bestreuen und dann in einen großen Topf mit kochendem Wasser geben; die Melone soll bedeckt sein. 30 Minuten köcheln, abtropfen lassen und dann in einen großen Dämpftopf geben und noch 30 Minuten dämpfen.

Brühe aufkochen und in die Melone gießen. Zudecken und 25 Minuten köcheln lassen. Alle übrigen Zutaten dazugeben und servieren. Wenn die Suppe in einzelnen Schalen serviert wird, etwas von dem ausgehöhlten Fruchtfleisch in jede Schale geben.

Tip: Sie brauchen einen großen Topf, um die Melone zu kochen. Wenn Ihr Topf für den letzten Kochvorgang zu klein ist, können Sie ein Gestell oder eine Platte auf zwei oder drei kleine Schüsseln, die auf dem Boden einer großen Pfanne stehen, setzen und Wasser dazugeben. Melone auf das Gestell über der Wasseroberfläche plazieren.

GOU JI NIU WEI TANG

Klare Ochsenschwanzsuppe

Eine delikate, leichte Suppe mit Bocksdornbeeren, die angeblich trübe Augen wieder klar machen und den Geschmack der Suppe verbessern. Ochsenschwanz ca. 3 Minuten blanchieren, bevor er zu den anderen Zutaten gegeben wird. Dadurch werden Fett und Unreinheiten entfernt. ⌚

6 ca. 4 cm dicke Scheiben fleischiger Ochsenschwanz, ohne Fett, in kochendem Wasser bereits blanchiert
2 Frühlingszwiebeln, in 8 cm lange Stücke geschnitten
5 cm Ingwer, in feine Streifen geschnitten
½ Tasse chinesischer Reiswein
2 TL Salz
1 EL Bocksdornbeeren
½ TL gemahlener weißer Pfeffer

Blanchierten Ochsenschwanz, Frühlingszwiebeln, Ingwer, Wein und Salz in einen Topf geben und mit Wasser bedecken. Zugedeckt zum Kochen bringen, dann sanft köcheln lassen, bis das Fleisch sehr weich ist. Kurz vor dem Servieren die Beeren dazugeben und mit Pfeffer bestreuen. In Schalen servieren. In jede Schale eine Ochsenschwanzscheibe legen.

TAI HU YIN YU GENG & SHEN JI CHONG CAO DUN YA

Tai-See-Suppe mit Breitling & Entensuppe mit Kräutern

***Rechts**: Tai-See-Suppe mit Breitling (links) und Entensuppe mit Kräutern (rechts).*

TAI-SEE-SUPPE MIT BREITLING

Frischer Breitling, der auch Silberfisch genannt wird, kommt aus dem Tai-Hu-See in der Nähe von Wu Xi, einer Region, die für ihre Naturschönheit berühmt ist. Als Ersatz kann man auch einen in Streifen geschnittenen Weißfisch verwenden, obwohl der Geschmack von frischem Breitling nicht zu übertreffen ist.

2 Tassen Hühnerbrühe (Seite 36)
100 g frischer Breitling oder Weißfischfilet, in Streifen geschnitten
5 cm großes Stück Bambussprosse, geraspelt
2 Stücke Holzohrenpilz, eingeweicht und in feine Streifen geschnitten
1 getrockneter schwarzer Pilz, eingeweicht und in Streifen geschnitten
25 g weicher Tofu, in Streifen geschnitten
½ TL Salz
2 TL Stärkemehl, mit Wasser verrührt

Brühe aufkochen, dann alle Zutaten, bis auf das Stärkemehl, dazugeben. Ein oder zwei Minuten köcheln lassen, bis der Breitling oder der Fisch gar ist. Mit Stärkemehl binden und sofort servieren. Je nach Geschmack mit Koriandergrün garnieren.

ENTENSUPPE MIT KRÄUTERN

Heilkräuter werden oft mit Hühnchen zu einer Suppe gekocht, die mehr wegen ihrer Heilkraft als ihres Geschmacks geschätzt wird. Diese Entensuppe mit Ginseng, Bocksdornbeeren, Galgantwurzel und Raupenpilzen schmeckt ausgezeichnet und soll gleichzeitig für Nieren, Lungen, Augen und das allgemeine Wohlbefinden sehr zuträglich sein.

750 g Ente
10 Tassen (2,5 Liter) Hühnerbrühe (Seite 36)
1 EL getrocknete Galgantwurzel, in Scheiben geschnitten *(San Bai)* (wahlweise)
25 g Ginsengwurzel
25 g Raupenpilze
25 g Bocksdornbeeren
2 TL Salz
1 TL gemahlener weißer Pfeffer

Ente 30 Minuten in lauwarmem Wasser einweichen, um alle Unreinheiten zu entfernen. Abtropfen lassen und dann mit allen übrigen Zutaten in eine große Schüssel geben. Schüssel zudecken, in einen Dämpftopf stellen und 2 Stunden dämpfen. Vor dem Servieren Ente in Einzelportionen teilen und in Suppenschalen mit Brühe servieren. Einen Teil der Kräuter als Garnierung verwenden.

YU CHI TANG

Haifischflossensuppe

Haifischflossen sind ein Beispiel für den Einfallsreichtum chinesischer Köche, die der Meinung sind, daß beinahe alles eßbar sei. Die Flossen werden getrocknet und entweder im ganzen oder in Streifen und in unterschiedlichsten Qualitäten verkauft, wobei die teuersten Tausende von DM kosten. Haifischflossen gelten als wahre Delikatesse, die aufgrund ihrer Konsistenz und ihrer Fähigkeit, den Geschmack anderer Zutaten anzunehmen, sehr geschätzt wird. ⌚⌚

30 g getrocknete Haifischflossen, in Streifen geschnitten
3 Tassen Gourmet- oder Hühnerbrühe (Seite 36)
3 TL schwarze Sojasoße, ½ TL Salz
¼ TL weißer gemahlener Pfeffer
3 cm Ingwer, in sehr feine Streifen geschnitten
50 g gekochtes Huhn, in feine Streifen geschnitten
2 EL Stärkemehl, mit Wasser verrührt
1 TL Schalottenöl
10 g getrocknete Jakobsmuscheln (wahlweise)
10 g getrockneter Fischmagen (wahlweise)
1½ Tassen Hühnerbrühe (wahlweise)
1 TL trockener Sherry (wahlweise)
1 cm Ingwer, in Scheiben geschnitten (wahlweise)
1 Stengel einer Frühlingszwiebel (wahlweise)
1 gehäufter EL Yunnan-Schinken, in feine Streifen geschnitten

Die getrockneten Haifischflossen ca. 30 Minuten in heißem Wasser einweichen, bis sie aufquellen und transparent werden. Abtropfen lassen.

Brühe mit Sojasoße, Schalottenöl, Salz und Pfeffer erhitzen, dann Haifischflossen, Muscheln, Fischmagen, Ingwer und Hühnchen dazugeben. Mit Stärkemehl binden und servieren. Mit Yunnan-Schinken garnieren. In Südchina werden meist bei Tisch ein paar Tropfen schwarzer Reisessig zur Suppe gegeben.

Muscheln und Fischmagen, die auf dem Photo rechts abgebildet sind, kann man je nach Geschmack dazugeben. Man erhält sie bereits getrocknet. Die Muscheln werden in eine Schüssel mit Hühnerbrühe, trockenem Sherry, Ingwer und Frühlingszwiebeln gegeben. In einem Dämpftopf dämpfen, bis die Muscheln weich sind.

Fischmagen zum Quellen in eine Schüssel geben und mit heißem Wasser übergießen. Zudecken und beiseite stellen, bis sie weich sind.

Tip: Für das Schalottenöl 8 Schalotten schälen und in Scheiben schneiden. 1 Tasse Öl erhitzen, die Schalotten hineingeben und bei niedriger Hitze goldgelb anbraten. Nicht anbrennen lassen. Abtropfen lassen und das Öl in einem Glas mit festsitzendem Deckel aufbewahren.

HAI XIAN SUAN LA TANG

Scharf-saure Suppe

Bei dieser scharfen Spezialität aus Sichuan werden Meeresfrüchte in Form von Seegurken und Garnelen mit getrockneten Pilzen und Tofu kombiniert; einige Köche verwenden aber auch Hühnchen- oder Schweinefleisch anstatt der Meeresfrüchte. Die Schärfe der Suppe kommt eher vom gemahlenen Pfeffer als von den Chilis.

½ Seegurke
2 Tassen Hühnerbrühe (Seite 36)
30 g geschälte Garnelen, größere gewürfelt
1½ EL tiefgefrorene Erbsen, aufgetaut
1 getrockneter schwarzer Pilz, eingeweicht und fein geschnitten
2 Stücke Holzohrenpilz, eingeweicht und fein geschnitten
½ Laib weicher Tofu, in kleinen Würfeln
½ mittelgroße Tomate, feingewürfelt
1 TL Salz
3 TL weißer gemahlener Pfeffer
1 TL Sesamöl
2 EL Stärkemehl, mit Wasser verrührt
1 Ei, leicht verquirlt
2 EL schwarzer Reisessig
1 EL Frühlingszwiebeln, in feinen Scheiben

Seegurke in heißem Wasser einweichen, bis sie weich ist, dann der Länge nach halbieren. Das Innere säubern und dann das Fleisch in Würfel schneiden.

Brühe erhitzen und Seegurke, Garnelen, Erbsen, Pilze, Tofu und Tomaten dazugeben. Aufkochen, dann 1 Minute köcheln lassen. Salz, Pfeffer und Sesamöl hinzufügen. Die Suppe mit Stärke binden, dann das Ei unterrühren, bis es zu stocken beginnt. Essig dazugeben, in eine Servierschüssel gießen und mit den Frühlingszwiebeln garnieren.

DEYANGTE
SHANGHAI
Sesame
优
三汇

HONG TANG DAN DAN MIAN

Scharfe, würzige Nudeln

Nudeln sind in China zu jeder Tageszeit beliebt; sie werden zum Frühstück, als Vormittags-Snack, zum Mittagessen, als Überbrückung bis zum Abendessen und spät am Abend gegessen. Dieses beliebte, würzige Gericht, das oft von Straßenverkäufern angeboten wird, stammt aus Sichuan. ⌚⌚

500 g frische Weizenmehlnudeln oder 1 kleine Packung kleine getrocknete Nudeln
1 TL Öl zum Kochen
250 g mageres Schweinefleisch, sehr feingehackt
100 g eingelegter salziger Rettich, feingehackt
2 Tassen Hühnerbrühe (Seite 36)
4 EL schwarze Sojasoße
1½ EL schwarzer Reisessig
1 EL Knoblauch, sehr feingehackt
2 TL Sesamöl
1 TL Chiliöl (Seite 36)
1 TL weißer gemahlener Pfeffer
1 gehäufter EL Frühlingszwiebeln, in feine Scheiben geschnitten

Nudeln beiseite legen, um sie später zu blanchieren. Öl erhitzen und das Schweinefleisch 2-3 Minuten bei sehr großer Hitze pfannenrühren, bis es durch ist. Gut mit dem eingelegten Rettich vermischen und beiseite stellen.

Hühnerbrühe erhitzen und alle übrigen Zutaten, außer den Nudeln und den Frühlingszwiebeln, dazugeben. Brühe warmhalten, während die Nudeln in sprudelnd kochendem Wasser blanchiert werden.

Nudeln abtropfen lassen und auf 4 kleine Schalen verteilen. Heiße Brühe darübergießen, Schweinefleischmischung dazugeben, mit Frühlingszwiebeln garnieren und servieren.

CHAO MIAN XIAN

Gebratene Xiamen-Nudeln

Für dieses in der südlichen Küstenprovinz Fujian beliebte Gericht werden sehr dünne frische Weizenmehlnudeln verwendet. Es können auch andere Nudeln zum Einsatz kommen, aber es müssen frische sein, da sie aufgrund ihrer Konsistenz getrockneten Nudeln vorzuziehen sind.

300 g kleine Garnelen
500 g frische Weizenmehlnudeln
Öl zum Fritieren
2 EL Knoblauch, sehr feingehackt
200 g Bambussprossen, in streichholzgroße Streifen geschnitten
3–4 getrocknete schwarze Pilze, eingeweicht und in feine Scheiben geschnitten
$^1/_4$ Tasse grober chinesischer Schnittlauch, gehackt
2 EL chinesischer Reiswein
1 TL Salz
$^1/_2$ TL weißer gemahlener Pfeffer
4 Schalotten, in Scheiben geschnitten und goldbraun fritiert

Garnelen schälen, Köpfe und Innereien entfernen. Beiseite stellen und Köpfe und Schalen mit 1 Tasse Wasser in einen Topf geben. Aufkochen, dann 10 Minuten köcheln lassen. Durch ein Sieb gießen, dabei Köpfe und Schalen gut ausdrücken, um möglichst viel Brühe zu erhalten. Beiseite stellen.

Frische Nudeln schütteln, um sie voneinander zu trennen, dann einige Sekunden in sehr heißem Öl goldbraun fritieren. Gut abtropfen lassen und beiseite stellen. Das Öl wegschütten. Getrocknete Nudeln kurz in kochendem Wasser blanchieren, bis sie leicht weich sind.

1 Eßlöffel frisches Öl in den Wok geben, Knoblauch einige Sekunden pfannenrühren, dann Garnelen, Bambussprossen, Schweinefleisch, Karotten, Pilze und Schnittlauch dazugeben. Pfannenrühren, bis das Fleisch und die Garnelen etwas Farbe annehmen.

Tasse der beiseitegestellten Garnelenbrühe dazugeben, Wein, Salz und Pfeffer hinzufügen und 5 Minuten ohne Deckel köcheln lassen. Ab und zu umrühren.

Die gebratenen oder blanchierten Nudeln dazugeben und weitere 5 Minuten pfannenrühren. Mit gebratenen Schalotten garnieren und servieren.

森林的

CHUAN WEI HUN TUN

Gekochte Teigtaschen in scharfer Soße

Gedämpfte oder gekochte Teigtaschen sind fast überall in China ein sehr beliebtes Zwischengericht. Man bekommt sie von Beijing im Norden bis Shanghai an der Ostküste, von der südlichen Provinz Guangdong bis Sichuan im Westen. Die Füllung variiert je nach Region und Jahreszeit, so ist z.B. im Sommer in Beijing Schweinefleisch, evtl. mit frischem Dill gewürzt, Hauptbestandteil der Füllung. Die Teigtaschen können gedämpft, gebraten, gekocht, in Brühe (wie die berühmte kantonesische *Won Ton*-Suppe) oder – wie in diesem Rezept aus Sichuan – mit einer scharfen Soße gereicht werden.
◷◷

50 frische *Won Ton*-Hüllen
200 g mageres Schweinefleisch, feingehackt
1 Ei, leicht verquirlt
1½ TL Ingwer, sehr feingehackt
2 EL chinesischer Reiswein
1 TL Salz
¼ TL weißer gemahlener Pfeffer

***Soße*:**

1 TL Knoblauch, feingehackt
4 EL schwarze Sojasoße
½ TL Zucker
½ TL Zimtpulver
4 EL Chiliöl (Seite 36)
1 EL Frühlingszwiebeln, in feinen Scheiben

Die meisten *Won Ton*-Hüllen gibt es als 8–10 cm große Quadrate. Eine kleine chinesische Suppenschale oder ein Glas auf den Kopf stellen und mit einem scharfen Messer Kreise ausschneiden.

Schweinefleisch, Ei, Ingwer, Reiswein, Salz und Pfeffer vermischen. Einen gehäuften Teelöffel voll in die Mitte jedes Kreises setzen. Mit den Fingerspitzen etwas Wasser an den Rändern verstreichen, dann zu Halbkreisen zusammenfalten, Ränder gut zusammendrücken. Wenn alle Taschen fertig sind, in sprudelnd kochendes Wasser geben und 2–3 Minuten köcheln. Abtropfen lassen.

Sie nehmen 4 Schalen und bereiten die Soße für jede Portion separat zu. ¼ Teelöffel Knoblauch, 1 Eßlöffel schwarze Sojasoße, eine Prise Zucker und eine Prise Zimt auf den Boden jeder Schale geben. Die gekochten Taschen auf die 4 Schalen verteilen und 1 Eßlöffel Chiliöl über jede Portion geben. Mit etwas Frühlingszwiebeln garnieren. Vor dem Verzehr umrühren.

CHENGDU LENG MIAN

Kalte Nudeln auf Chengdu-Art

Wenn Sie ansonsten heiße Nudeln bevorzugen, wird Sie dieses Rezept vielleicht etwas überraschen. Gekühlte Nudeln sind jedoch im Sommer in China und auch im Nachbarland Japan sehr beliebt. Das Gericht läßt sich schnell und einfach zubereiten; die Nudeln werden am Morgen gekocht, dann läßt man sie einige Stunden auskühlen, vermengt sie mit der Soße – und schon hat man ein schnelles Mittagessen zubereitet.

500 g frische Weizenmehlnudeln, gekocht, abgetropft und gekühlt
75 g Bohnensprossen, einige Sekunden blanchiert und abgekühlt
1 Frühlingszwiebel, in feine Scheiben geschnitten

Soße:

2 EL Ingwer, sehr feingehackt
1 EL Knoblauch, sehr feingehackt
1 EL Sesampaste
1 EL Erdnußbutter
1 TL Erdnußöl oder Öl zum Kochen
3 EL schwarze Sojasoße
2 TL Zucker
2 TL schwarzer Reisessig
1 TL Sesamöl
1 TL Chiliöl (Seite 36)

In einer Schüssel alle Zutaten für die **Soße** gut vermischen. Nudeln dazugeben und umrühren, damit die Nudeln von der Soße überzogen werden, dann die Bohnensprossen hinzufügen und vorsichtig mit Eßstäbchen oder einer Gabel unterheben. Auf 4 Schälchen verteilen und jede Portion mit Frühlingszwiebeln bestreuen.

CHAO ZHOU CHAO FAN & SU CHAO FAN

Gebratener Teochew-Reis & Gebratener vegetarischer Reis

Rechts: *Gebratener Teochew-Reis (oben) und gebratener vegetarischer Reis (unten).*

GEBRATENER TEOCHEW-REIS ◷◷

4 Tassen kalter gekochter Reis
3 TL Öl zum Kochen
2 Eier, leicht verquirlt
50 g geschälte Garnelen, größere gewürfelt
50 g Tintenfisch, gewürfelt
50 g Hühnchen oder Ente, gewürfelt
50 g Fischfilet oder Schweinefleisch, gewürfelt
50 g chinesische Wurst, in Scheiben
50 g Senfkraut oder Frühlingszwiebeln, in 4 cm lange Stücke geschnitten
1 TL Salz

Reiskörner mit einer Gabel auflockern und beiseite stellen. 1 Teelöffel des Öls im Wok erhitzen, die verquirlten Eier hineingießen und stocken lassen, dann mit dem Pfannenwender in Stücke teilen. Vom Feuer nehmen und beiseite stellen.

Die restlichen 2 Teelöffel Öl erhitzen. Alle übrigen Zutaten, außer Reis und Salz, bei maximaler Hitze 2 Minuten pfannenrühren. Reis und Salz dazugeben und weitere 2 Minuten pfannenrühren. Das gebratene Ei unterheben und sofort servieren.

GEBRATENER VEGETARISCHER REIS ◷◷

4 Tassen kalter gekochter Reis
1 Laib harter Tofu
1 TL schwarze Sojasoße
3 EL Öl
3 frische Stangen Spargel oder 3 grüne (französische) Bohnen, in 2 cm große Stücke geschnitten
1 EL gesalzene schwarze Bohnen
1 EL gekochte grüne Mungobohnen
1 EL gekochte rote Azukibohnen
50 g Sojabohnen- oder Mungobohnensprossen
1 TL Salz
Weißer gemahlener Pfeffer zum Abschmecken
3 rote Chilis, entkernt und gehackt
3 grüne Chilis, entkernt und gehackt
3 Knoblauchzehen
½ mittelgroße Zwiebel, feingehackt

Reis mit einer Gabel auflockern und beiseite stellen. Tofu raspeln und einige Minuten in der Sojasoße marinieren. 1 Eßlöffel Öl im Wok erhitzen und Tofu darin pfannenrühren, bis er knusprig ist. Beiseite stellen.

1 Eßlöffel frisches Öl erhitzen, Spargel sowie alle Bohnen und Sprossen bei großer Hitze 1 Minute pfannenrühren. Reis dazugeben und bei maximaler Hitze ca. 1 Minute pfannenrühren, bis der Reis durchgewärmt ist. Mit Salz und Pfeffer abschmekken und auf eine Platte geben.

Das restliche Öl in den Wok gießen und Chilis, Knoblauch und Zwiebeln ca. 1 Minute leicht anbraten und auf dem gebratenen Reis anrichten, dann den gebratenen geraspelten Tofu darüberstreuen. Sofort servieren.

MA LA LIAN OU & XIE HUANG XIAN ZHU SUN

Lotoswurzelsalat & Bambussprossen mit Garnelenrogen

***Rechts**: Lotoswurzelsalat. Foto von Bambussprossen mit Garnelenrogen auf Seite 73.*

LOTOSWURZELSALAT

Im Buddhismus ist die Lotosblume ein Symbol für Reinheit. Gautama Buddha sagte, der Mensch solle danach streben, wie eine Lotosblume vom schlammigen Grund makellos an die Oberfläche des Wassers zu steigen. ⌚

1 Stück einer Lotoswurzel, ca. 15–20 cm lang
1 EL weißer Reisessig
2 EL Zucker
Salz zum Abschmecken

Lotoswurzel schälen und in ca. 0,5 cm dicke Scheiben schneiden. Wasser in einem Topf zum Kochen bringen, dann die Lotoswurzelscheiben hineingeben und ca. 5 Sekunden blanchieren. Abgießen und unter kaltem Wasser abspülen.

Scheiben im Essig wenden, dann auf einer Platte anrichten. Nach Geschmack mit Zucker und Salz abschmecken und sofort servieren.

BAMBUSSPROSSEN MIT GARNELENROGEN

Bei diesem herrlichen Gemüserezept werden Bambussprossen dekorativ zu Blumen geschnitten. ⌚⌚

500 g Bambussprossen
50 g geschälte Garnelen
1 Prise Salz
2 TL Stärkemehl
1 EL Wasser
50 g frischer Krebsrogen
$^1/_4$ Tasse Hühnerbrühe (Seite 36)
200 g Blattspinat

Bambussprossen zu langen Rechtecken schneiden. Mit einem scharfen Messer ein V auf jeder Seite des Rechtecks einschneiden und den Teil der Bambussprosse abbrechen, der einer Blume ähnelt.

Garnelen, Salz, 1 Teelöffel Stärkemehl und Wasser vermischen. Eine kleine Portion dieser Mischung in die Mitte jeder Bambus-„Blume" geben und darauf einem Tupfer Krebsrogen setzen. Auf einem Teller anrichten und bei hoher Hitze 3-4 Minuten dämpfen.

Während die Bambussprossen gedämpft werden, Wasser mit Salz in einem Topf zum Kochen bringen und den Blattspinat darin blanchieren, bis er zart ist. Abgießen. Wenn die Bambussprossen fertig sind, auf eine Servierplatte legen und mit Blattspinat umgeben. Hühnerbrühe erhitzen und mit dem Rest des mit Wasser verrührten Stärkemehls binden. Über die Sprossen gießen und servieren.

***Tip**: Ist Ihnen die Blumenform zu schwierig, schneiden Sie die Sprossen in Scheiben und setzen die Garnelenpaste und den Rogen darauf, auch wenn das Resultat nicht ganz so dekorativ sein wird.*

DOU FU JIA XIANG NIANG & DOU FU ROU JIANG ZHA

Fritierter Tofu & Gedämpfter Tofu mit Schweinefleischfüllung

Tofu, der aus der „Milch" der gekochten, proteinreichen Sojabohnen hergestellt wird, ist in vielen Formen erhältlich und sehr vielseitig.

FRITIERTER TOFU ⌚⌚

500 g Tofu
1 Tasse Mehl
1 Ei, verquirlt
2 TL gekörnte Hühnerbrühe
½ TL Salz
½ TL Zucker
1 gehäufter EL Chilipaste oder -soße
Wasser zum Mischen
100 g feingehacktes mageres Schweinefleisch
Öl zum Fritieren
¼ TL weißer gemahlener Pfeffer

Tofu in ca. 8 cm lange und 2 cm breite Stücke schneiden. Beiseite stellen. Alle übrigen Zutaten, außer Schweinefleisch, Öl und Pfeffer, zu einem dickflüssigen Teig vermischen. Schweinefleisch dazugeben und mischen. Öl im Wok erhitzen, bis es beinahe raucht. Tofustücke in den Teig tauchen, bis sie ganz überzogen sind. Ins Öl geben und ca. 3-4 Minuten goldbraun fritieren. Mit Pfeffer bestreuen und sofort servieren.

***Rechts**:*
Im Uhrzeigersinn von oben: Tofu mit Gemüse (Rezept siehe Seite 74), gedämpfter Tofu mit Schweinefleischfüllung, Bambussprossen mit Garnelenrogen (Rezept siehe Seite 70) und fritierter Tofu.

GEDÄMPFTER TOFU MIT SCHWEINEFLEISCHFÜLLUNG ⌚⌚

500 g Tofu
3 TL Stärkemehl
100 g feingehacktes mageres Schweinefleisch
3 getrocknete schwarze Pilze, eingeweicht und feingehackt
2 TL gekörnte Hühnerbrühe
½ TL Salz
1 TL Zucker
1 TL chinesischer Reiswein
150 g grünes Blattgemüse (Spinat, Kohl oder *Bai Cai/Bok Choy*), blanchiert
½ Tasse Hühnerbrühe (Seite 36)

Tofu in 8 cm große und 4 cm dicke Quadrate schneiden. Mit einem Teelöffel etwas Tofu aus der Mitte ausstechen, um Platz für die Schweinefleischfüllung zu schaffen. 1 Teelöffel Stärkemehl mit allen übrigen Zutaten, außer den Blattgemüsen und der Brühe, gründlich vermischen. Tofu damit füllen und bei großer Hitze 4 Minuten dämpfen.

Während der Tofu gedämpft wird, Gemüse in der Hühnerbrühe kochen. Abgießen und die Brühe aufbewahren. Gemüse auf einer Platte anrichten. Die restlichen 2 Teelöffel Stärke mit Wasser verrühren und damit die Brühe binden. Über das Gemüse gießen, darauf den gekochten Tofu setzen und servieren.

MA PO DOU FU & BEI GU SU

Würziger Tofu mit Rinderhack & Tofu mit Gemüse

***Rechts**: Würziger Tofu mit Rinderhack. Foto von Tofu mit Gemüse auf Seite 73.*

WÜRZIGER TOFU MIT RINDERHACK

Bei diesem Rezept stehen der zartschmelzende Tofu und die scharfen Sichuan-Gewürze im Vordergrund. ⌚⌚

500 g weicher Tofu
3 EL Öl (oder Chiliöl)
125 g mageres Rinderhack
1 EL gesalzene schwarze Bohnen, gehackt
1 EL gesalzene Sojabohnen, gehackt
1 EL sehr feingehackter Ingwer
1 EL sehr feingehackter Knoblauch
2 EL Chilipaste
2–3 Frühlingszwiebeln, in feinen Scheiben
1 Tasse Hühner- oder Rinderbrühe
1 EL schwarze Sojasoße
Salz zum Abschmecken
2 TL Stärkemehl, mit Wasser verrührt
1 TL gemahlene Sichuan-Pfefferkörner oder *Sansho*

Tofu in 2 cm große Würfel schneiden. Öl erhitzen und Rinderhack und schwarze Bohnen 3–4 Minuten pfannenrühren. Gesalzene Sojabohnen, Ingwer, Knoblauch, Chilipaste und die Hälfte der Zwiebeln dazugeben. Weitere 2 Minuten pfannenrühren, dann die Brühe und den Tofu hinzufügen.

5 Minuten köcheln lassen. Mit Sojasoße und Salz abschmecken, dann mit Stärke binden. Vor dem Servieren mit Sichuan-Pfeffer und Zwiebeln bestreuen

TOFU MIT GEMÜSE ⌚

500 g harter Tofu
Öl zum Fritieren
50 g Weißkohl *(Bai Cai/Bok Choy)*, blanchiert
½ Karotte, in Scheiben und zu Blumen geschnitten, blanchiert
3 getrocknete schwarze Pilze, eingeweicht
1 TL gekörnte Hühnerbrühe
2 TL Austernsoße
1 EL chinesischer Reiswein
½ TL Zucker
¼ Tasse Hühnerbrühe (Seite 36)
1 TL Stärkemehl, mit Wasser verrührt

Tofu in 8 cm lange Stücke schneiden. In sehr heißem Öl goldbraun fritieren, dann abtropfen lassen. Bis auf 2 Teelöffel alles Öl weggießen und dann den Tofu mit den blanchierten Gemüsen, Pilzen, Reiswein und Zucker wieder hineingeben. Ca. 1 Minute pfannenrühren, dann die Hühnerbrühe dazugeben und erwärmen. Mit Stärke binden und sofort servieren.

XIA MI CHAO HUANG GUA & XIANG GU CHAO JIAO BAI

Gurke mit getrockneten Garnelen & Bambussprossen mit Pilzen

***Rechts**: Gurke mit getrockneten Garnelen (links) und Bambussprossen mit Pilzen (rechts).*

GURKE MIT GETROCKNETEN GARNELEN

Die getrockneten Garnelen verleihen den eher nichtssagenden Gurken bei diesem Rezept aus der Küstenprovinz Fujian, die für ihre frischen und getrockneten Meeresfrüchte bekannt ist, eine besondere Note. ⌚

400 g Gurke
2 TL Öl
1 TL sehr feingehackter Knoblauch
100 g getrocknete Garnelen, eingeweicht
1 TL gekörnte Hühnerbrühe
1 TL chinesischer Reiswein
1 TL Zucker
½ TL Salz
1 TL Stärkemehl, mit Wasser verrührt
1 roter Chili, in sehr feinen Streifen, als Garnierung (wahlweise)

Gurke nicht schälen. Lange dünne Gurken der Länge nach halbieren, dickere der Länge nach vierteln. Kerne entfernen und in 4 cm große diagonale Stücke schneiden.

Öl im Wok erhitzen und Knoblauch und getrocknete Garnelen ca. eine halbe Minute pfannenrühren. Gurke und alle übrigen Zutaten, außer Stärke und Chilis, dazugeben. 2–3 Minuten pfannenrühren, dann die Flüssigkeit, die die Gurke abgibt, mit Stärke binden. Je nach Geschmack mit Chili garnieren.

BAMBUSSPROSSEN MIT PILZEN

Die Bambussprossen, die in Südchina für dieses Gericht verwendet werden, sind besonders fest und schmackhaft und erinnern an frische Palmherzen. Wenn Sie frische *Jiao* nicht bekommen können, eignen sich auch Bambussprossen aus der Dose als Ersatz. ⌚

400 g *Jiao Bai* oder Bambussprossen
2 TL Öl
1 gehäufter TL sehr feingehackter Knoblauch
10 getrocknete schwarze Pilze, eingeweicht
1 TL chinesischer Reiswein
1 TL gekörnte Hühnerbrühe
1 TL Zucker
½ TL Salz

Bei frischem *Jiao Bai* die äußere Schicht entfernen und dann grob hacken. Bambussprossen aus der Dose 5 Minuten in kochendem Wasser kochen, abgießen und dann in Scheiben schneiden.

Öl im Wok erhitzen und Knoblauch und Pilze pfannenrühren, bis sie leicht duften. *Jiao Bai* oder Bambussprossen und alle Gewürze dazugeben und 1–2 Minuten pfannenrühren. Sofort servieren.

GUANG DONG NIANG SAN BAO

Gefüllte Gemüse und Tofu

Bei diesem in Kanton und Hakka beliebten Rezept werden verschiedene Gemüse und Tofu mit Garnelenfüllung verwendet. Die Soße mit gesalzenen schwarzen Bohnen verleiht den köstlich gefüllten Gemüsen eine salzig-scharfe Note. 🕒🕒

1 große grüne Paprika
1 lange dünne Aubergine
1 harter Tofu
1 TL Stärkemehl
Öl zum Fritieren

***Füllung*:**

200 g geschälte Garnelen, gehackt
50 g Schweinespeck, gehackt
1 EL schwarze Moospilze, eingeweicht
½ TL Salz
1 Prise weißer gemahlener Pfeffer

***Soße*:**

1 TL gesalzene schwarze Bohnen, leicht zerdrückt
1 TL feingehackte, rote Chilis
1 TL sehr feingehackter Knoblauch
1 TL sehr feingehackter Ingwer
1 Tasse Hühnerbrühe (Seite 36)
½ TL schwarze Sojasoße
2 TL Stärkemehl, mit Wasser verrührt

Für die Füllung alle Zutaten im Mixer pürieren. Beiseite stellen.

Paprika vierteln und Kerne entfernen. Aubergine in 4 cm große Stücke schneiden und auf einer Seite einschlitzen, um eine Tasche für die Füllung zu schaffen. Tofu vierteln und jeweils eine Tasche einschneiden. Das Innere der Gemüse und des Tofus mit Stärke bestreuen, damit die Füllung gut haftet, dann füllen.

Öl im Wok erhitzen und die gefüllten Gemüse und Tofu fritieren, jeweils ein paar auf einmal, bis sie goldbraun und gar sind. Herausnehmen und beiseite stellen. 1 Teelöffel Öl im Wok für die Zubereitung der Soße lassen.

Für die Soße schwarze Bohnen, Chilis, Knoblauch und Ingwer einige Sekunden pfannenrühren, bis sie duften, dann die Brühe und die Sojasoße dazugeben. Erhitzen, dann die fritierten Gemüse und Tofu hinzufügen und 1 Minute köcheln lassen. Mit Stärke binden und sofort servieren.

***Tips*:** Es können auch Bittermelone und rote und grüne entkernte Chilis als Gemüse verwendet werden. Die Füllung kann man schon im voraus zubereiten und auch das Gemüse putzen, allerdings noch nicht schneiden und füllen.

YU XIANG QIE ZI & SHANG TANG LU SUN

Auberginen mit Schweinefleisch & Schnell gekochter Spargel

***Rechts**:*
Im Uhrzeigersinn von oben: Auberginen mit Schweinefleisch, pfannengerührtes gemischtes Gemüse und schnell gekochter Spargel. Das Rezept zu pfannengerührtem gemischtem Gemüse steht auf Seite 82.

AUBERGINEN MIT SCHWEINEFLEISCH ⌚⌚

250 g Auberginen, geschält und in 8 x 1 cm große Stücke geschnitten
Öl zum Fritieren
50 g mageres gehacktes Schweinefleisch
2 EL getrocknete Garnelen, eingeweicht und sehr feingehackt
2 TL Chilipaste
1 TL gesalzene Sojabohnen, zerdrückt
2 TL Frühlingszwiebeln, in feinen Scheiben
1 TL sehr feingehackte eingeweichte, getrocknete schwarze Pilze
1 Tasse Hühnerbrühe (Seite 36)
1 TL chinesischer Reiswein
1 TL Sesamöl
2 TL süß-saure Soße aus der Flasche
$^1/_2$ TL dunkle Sojasoße
$^1/_4$ TL Salz
1 TL Stärkemehl, mit Wasser verrührt
Koriandergrün als Garnierung

Auberginenstücke in sehr heißem Öl 1 Minute fritieren. Abtropfen lassen und beiseite stellen.

Öl bis auf 2 Teelöffel abgießen und Schweinefleisch bei großer Hitze 2 Minuten pfannenrühren. Getrocknete Garnelen, Chilipaste, gesalzene Sojabohnen, 1 Teelöffel der Frühlingszwiebeln und die Pilze dazugeben. 30 Sekunden pfannenrühren, dann die übrigen Zutaten, bis auf die restlichen Zwiebeln, das Stärkemehl und das Koriandergrün, hinzufügen. Erhitzen und dann die Auberginen unterheben sowie weitere 30 Sekunden kochen. Mit Stärke binden und mit dem Koriander und den restlichen Zwiebeln garniert servieren.

SCHNELL GEKOCHTER SPARGEL ⌚

100 g frischer Spargel
Öl zum Fritieren
1 Tasse Wasser
$^1/_4$ TL Salz
$^1/_4$ TL Zucker
$^3/_4$ Tasse Hühnerbrühe (Seite 36)
1 TL chinesischer Reiswein
$^1/_4$ TL Sesamöl
1 TL Stärkemehl, mit Wasser verrührt
1 EL Yunnan-Schinken, in feinen Streifen

Die harten Spargelenden entfernen und gründlich abtrocknen. Öl im Wok erhitzen und den Spargel bei sehr großer Hitze 15 Sekunden fritieren. Abtropfen lassen und beiseite stellen. Öl wegschütten.

Wasser, Salz und Zucker im Wok schnell zum Kochen bringen und den Spargel 15 Sekunden, oder bei dicken Stangen etwas länger, blanchieren. Wasser abgießen und Brühe, Wein und Sesamöl zum Spargel geben. Aufkochen, dann mit Stärke binden. Mit Schinken garniert servieren.

CHAO QING CAI & CHAO ZHOU ZHENG CHANG YU

Pfannengerührtes gemischtes Gemüse & Gedämpfte Teochew-Scholle

***Rechts**: Gedämpfte Teochew-Scholle (links) und Garnelen mit Kürbis (ohne Rezept). Foto zu pfannengerührtem gemischtem Gemüse auf Seite 81.*

PFANNENGERÜHRTES GEMISCHTES GEMÜSE ⌚

75 g Zuckerschoten, Enden abgeschnitten
2 TL Öl
1 Prise Salz, $^1/_4$ TL Zucker
75 g Bambussprossen, der Länge nach geviertelt und in 5 cm lange Stücke geschnitten
6–8 getrocknete schwarze Pilze, eingeweicht
1 Tasse Hühnerbrühe (Seite 36)
1 TL Austernsoße
$^1/_4$ TL Sesamöl
$^1/_4$ TL Salz
$^1/_4$ TL dunkle Sojasoße
1 Prise weißer gemahlener Pfeffer
1 TL Stärkemehl, mit Wasser verrührt

Zuckerschoten in kochendem Wasser 5 Sekunden blanchieren, dann abgießen. Öl erhitzen und blanchierte Zuckerschoten mit Salz und Zucker 30 Sekunden pfannenrühren. Aus dem Wok nehmen. Bambussprossen, Pilze, Hühnerbrühe und alle Gewürze hineingeben und aufkochen. 1 Minute köcheln lassen, Zuckerschoten dazugeben und mit Stärke binden. Sofort servieren.

GEDÄMPFTE TEOCHEW-SCHOLLE

Die Chao Zhou (auch Chiu Chow oder Teochew) Südchinas sind berühmt für ihre leichte Küche und die köstliche Zubereitung von Meeresfrüchten. Dieses Rezept ist ein hervorragendes Beispiel ihrer großartigen Kochkunst. ⌚⌚

1 frische Scholle, ca. 750 g
100 g gesalzener Senfkohl, eingeweicht und in feine Streifen geschnitten
1 Tomate, ohne Kerne und in Streifen geschnitten
2 saure gesalzene Pflaumen (in Gläsern erhältlich)
1 roter Chili, entkernt und fein geschnitten
1 Frühlingszwiebel, in 4 cm große Stücke gehackt
8 cm Ingwer, fein geraspelt
1 Würfel Tofu, geraspelt
1 getrockneter schwarzer Pilz, eingeweicht und feingeschnitten
2 TL gekörnte Hühnerbrühe
$^1/_2$ TL Zucker
$^1/_4$ TL Salz
Koriandergrün als Garnierung

Fisch innen und außen säubern und trockentupfen. Auf einen ovalen Teller geben und darüber alle Zutaten, außer Hühnerbrühe, Zucker und Salz, anrichten. Mit Hühnerbrühe, Zucker und Salz bestreuen und in einen großen Dämpftopf stellen. Bei großer Hitze ca. 8 Minuten dämpfen, bis der Fisch gar ist. Nicht zu lange kochen, sonst verliert er an Biß und Geschmack. Mit Koriandergrün garnieren.

YU XIANG CUI PI GUI YU

Knusprig gebratener Mandarinfisch

Die Chinesen ziehen Fische aus Seen, Flüssen und Fischteichen des Meeresfischen vor. Dieses Rezept verwendet frischen Mandarinfisch, man kann aber auch zarte Meeresfische wie Barsch oder Brasse verwenden. ⌚⌚

1 frischer Fisch (siehe oben) 750 g–1 kg, geputzt und ausgenommen
8 cm Ingwer, in feine Scheiben geschnitten
1 Frühlingszwiebel, grob gehackt
1 TL weißer gemahlener Pfeffer
½ Tasse chinesischer Reiswein
2 EL Stärkemehl
Öl zum Fritieren
1 Frühlingszwiebel, in feine Scheiben geschnitten, als Garnierung

***Soße*:**

1–2 EL Chilipaste
1½ TL feingehackter Knoblauch
1½ TL feingehackter Ingwer
1½ TL weißer Reisessig
1 TL Zucker
½ TL Salz
¾ Tasse Hühnerbrühe (Seite 36)
1 Frühlingszwiebel, in feine Scheiben geschnitten
2 TL Stärkemehl, mit Wasser verrührt

4 oder 5 diagonale Schlitze auf jeder Seite des Fisches einschneiden, damit er schneller gar wird. Den Fisch 15 Minuten in Ingwer, gehackten Frühlingszwiebeln, Pfeffer und Reiswein marinieren. Abtropfen lassen und alle Marinadenreste abkratzen. Gründlich trockentupfen.

Wok erhitzen und Öl hineingeben. Sobald das Öl heiß ist, Fisch auf beiden Seiten mit Stärke einstäuben, etwas abschütteln. Vorsichtig ins Öl geben und bei mittlerer Hitze ca. 5–8 Minuten goldbraun gar kochen. Abtropfen lassen und auf einer Servierplatte warmhalten.

Öl bis auf 1 Teelöffel abgießen. Für die Soße Chilipaste, Knoblauch und Ingwer einige Sekunden pfannenrühren, bis sie duften, dann alle übrigen Zutaten, außer der Stärke, dazugeben. 2 Minuten köcheln lassen, dann mit Stärke binden. Soße über den Fisch gießen und mit Frühlingszwiebeln garnieren. Sofort servieren.

CU JIAO YU

Gedünsteter Fisch

Mandarinfisch, Karpfen oder andere Frischwasserfische werden in China für dieses Rezept bevorzugt. Ein guter Ersatz ist Forelle oder auch ein Meeresfisch wie z.B. Barsch. Wichtig ist, daß der Fisch ganz frisch ist, denn bei allen Rezepten zum Dünsten, bei denen die Gewürze fein aufeinander abgestuft sind, ist die Qualität des Fisches entscheidend. ⌚

1 ganzer frischer Fisch (siehe oben) 750 g–1 kg, geputzt und ausgenommen
3 Frühlingszwiebeln, in feine Streifen geschnitten
2 Stück Ingwer, jeweils ca. 5 cm lang, in feine Streifen geschnitten
1 roter Chili, entkernt und in feine Streifen geschnitten
2 EL chinesischer Reiswein
2 EL weißer Reisessig
1 TL Salz
½ TL weißer gemahlener Pfeffer
½ Tasse Erdnuß- oder Pflanzenöl

So viel Wasser in den Wok geben, daß der Fisch später damit bedeckt ist. Die Hälfte der Frühlingszwiebeln und die Hälfte des Ingwers dazugeben. Zum Kochen bringen, Hitze reduzieren und dann den Fisch hineinlegen. Ganz leise köcheln lassen, bis der Fisch gar ist.

Während der Fisch kocht, Wein, Essig, Salz und Pfeffer in einer Schale verrühren und beiseite stellen. Wenn der Fisch gar ist, herausnehmen, abtropfen lassen und auf eine Servierplatte legen. Mit den restlichen Zwiebeln, Ingwer und Chili garnieren und die vorbereitete Mischung darübergießen. Öl im Wok erhitzen, bis es raucht, und über den gedünsteten Fisch geben. Sofort servieren.

Tip: Der Gebrauch von Öl zu gedünstetem Fisch mag sonderbar anmuten, ist aber in China weit verbreitet und verleiht ihm einen ganz besonderen Geschmack.

SONG GUO YU

Fritierter Karpfen mit süß-saurer Soße

Süß-saure Soße zu fritiertem Fisch oder Schweinefleisch wird überall in chinesischen Restaurants angeboten, und auch heute noch ist diese klassische Kombination in China sehr beliebt. Bei unserem Rezept wird der Fisch filetiert und dann in rautenförmige Stücke geschnitten, die sich beim Kochen etwas aufrollen. Die Fischstücke können so zugeschnitten gut von der scharfen Soße überzogen werden. ⌚⌚

1 ganzer frischer Karpfen (Barsch oder Brasse können ebenfalls verwendet werden) 750 g–1 kg
1 Tasse Stärkemehl
Öl zum Fritieren

***Soße*:**

3 EL Tomatenpaste
½ Tasse Wasser
½ TL Salz
3 EL Zucker
2 TL weißer Reisessig
1 gehäufter EL tiefgefrorene grüne Erbsen, aufgetaut
1 TL Stärkemehl, mit Wasser verrührt

Fisch ausnehmen und putzen. Fleisch vorsichtig von beiden Seiten ablösen, dabei Kopf, Rückengräte und Schwanzflosse intakt lassen. Die Haut nicht abziehen, jedoch alle Gräten entfernen. Fischfilets mit der Haut nach unten auf ein Hackbrett legen. Mit einem scharfen Messer diagonale Linien in jedes Fischstück einschneiden, dabei aber nicht bis zur Haut durchschneiden. Über diese diagonalen Linien wieder diagonale Linien ziehen, so daß ein Rautenmuster entsteht. Fischfilets in ca. 6 x 2 cm große Stücke schneiden und beiseite stellen.

Öl im Wok sehr heiß werden lassen. Fischgerippe auf beiden Seiten mit Stärkemehl einstäuben, überschüssiges Mehl abklopfen und dann fritieren, bis es goldbraun und knusprig ist. Abtropfen lassen und auf eine Servierplatte legen. Die vorbereiteten Fischstücke in Stärkemehl eintauchen, überschüssiges Mehl abklopfen und dann im selben Öl knusprig und goldbraun fritieren. Abtropfen lassen und über dem Fischgerippe anrichten.

Öl abgießen und alle Zutaten für die **Soße**, außer der Stärke, in den Wok geben. Bei niedriger Hitze zum Kochen bringen und dann mit Stärkemehl binden und mit Essig abschmecken. Soße über den Fisch gießen und sofort servieren.

PI PA XIA

Pipa-Garnelen

Dieses Gericht ist nach dem klassischen chinesischen Saiteninstrument *Pipa* benannt, an das die Garnelen von der Form her erinnern. Ganze Garnelen werden in eine pürierte Garnelenpaste getaucht und gedämpft. Sie können schon vorbereitet und einige Stunden beiseite gestellt werden, um sie dann kurz vor dem Servieren noch zu fritieren. ⌚⌚

12 mittelgroße Garnelen, ca. 6–8 cm lang
Öl zum Fritieren
1 Eiweiß, leicht aufgeschlagen
2 EL Stärkemehl
12 kleine chinesische Weintassen oder Eierbecher

***Garnelenpaste*:**

300 g Garnelen
75 g Schweinespeck, gewürfelt
1 getrockneter schwarzer Pilz, eingeweicht und feingehackt
1 EL feingehackte Bambussprossen oder Wasserkastanien
1 TL Salz
2 Eiweiße
2 EL Stärkemehl

***Soße*:**

1 Tasse Hühnerbrühe (Seite 36)
1 TL Reiswein
Salz zum Abschmecken
2 TL Stärkemehl, mit Wasser verrührt

Als erstes die Garnelenpaste zubereiten. Garnelen schälen, Köpfe, Schwänze, Schalen und Innereien entfernen. Garnelen mit dem gewürfelten Speck einige Sekunden im Mixer pürieren. Alle übrigen Zutaten für die Garnelenpaste dazugeben und gut mixen. Kleine chinesische Weinschalen oder Eierbecher mit etwas Öl einfetten, dann mit Garnelenpaste füllen.

Die mittelgroßen Garnelen schälen, Köpfe entfernen, aber Schwänze aus Dekorationsgründen dranlassen. Das Kopfende jeder Garnele in ein Schälchen mit Garnelenpaste stecken und das Schwanzende herausschauen lassen. Dann 20 Minuten dämpfen. Abkühlen lassen und mit einem spitzen Messer aus den Schalen oder Eierbechern lösen.

Erst kurz vor dem Servieren die Soße zubereiten. Brühe, Wein und Salz aufkochen. Mit Stärkemehl binden und warmhalten.

Öl zum Fritieren im Wok erhitzen. Die gedämpften Garnelen mit Stärkemehl einstäuben, in das Eiweiß tauchen und goldbraun fritieren. Auf eine Servierplatte legen und die Soße darübergießen.

總發行所
上海
香港
分公司
北京
長沙
蕪湖
南京
徐州
鎮江
杭州
蘇州
甯波
嘉興

YU ZAN XIA REN

Haarnadel-Garnelen

Gemüse, die von Garnelen umschlossen werden, sollen an die langen Haarnadeln erinnern, die durch einen Haarzopf gesteckt werden; daher der Name „Haarnadel"-Garnelen.

8 mittelgroße Garnelen, ca. 6–8 cm lang
1 TL Backpulver
¼ TL Salz
¼ TL Sesamöl
50 g chinesisches Senfkraut oder Frühlingszwiebeln
50 g Karotten
50 g Bambussprossen
50 g Yunnan-Schinken
Öl zum Fritieren
1 Prise weißer gemahlener Pfeffer

Soße:

4 EL Hühnerbrühe (Seite 36)
1 EL chinesischer Reiswein
¼ TL Salz
¼ TL Sesamöl
1 TL Stärkemehl, mit Wasser verrührt

Garnelen schälen, Köpfe, Schwänze und Schalen entfernen. Den Rücken jeder Garnele einschneiden und die Innereien herausnehmen. Garnelen aufklappen und in Backpulver, Salz und Sesamöl 20 Minuten marinieren.

Senfkraut, Bambussprossen und Schinken in 6 cm lange Streifen – doppelt so dick wie ein Streichholz – schneiden. Bei den Garnelen mit einer scharfen Messerspitze jeweils ein Loch ca. 1 cm vom Kopfende und 1 cm vom Schwanzende entfernt durchstechen. Jeweils einen Streifen Senfkraut, Karotte, Bambussprosse und Schinken zusammen durch das eine Loch in der Garnele stecken. Garnele zu einem Halbkreis formen, so daß die Gemüsestreifen durch das zweite Loch gesteckt werden können, dabei die Garnele fest zusammendrücken.

Wasser im Wok erhitzen und sobald es kocht, die gefüllten Garnelen 10 Sekunden blanchieren. Herausnehmen und abtropfen lassen. Wasser abgießen, Wok abtrocknen und Öl zum Fritieren erhitzen. Garnelen bei sehr großer Hitze 30 Sekunden lang fritieren, danach abtropfen lassen und auf eine Servierplatte geben.

Öl bis auf einen Teelöffel abgießen und alle übrigen Zutaten der **Soße**, außer dem Stärkemehl, hineingeben. Zum Kochen bringen, Hitze reduzieren und mit Stärkemehl binden. Über die Garnelen gießen, mit Pfeffer bestreuen und sofort servieren.

ZENG CHENG BAI HUA NIANG XIAN GUO

Lychees mit Garnelen gefüllt

Dieses dekorative Rezept ist ein schönes Beispiel für die Kreativität und Qualität der kantonesischen Küche. Es besteht aus frischen Lychees, die von den meisten Chinesen als die beste Frucht angesehen werden, mit einer einfachen Garnelenfüllung. Der Geschmack von frischen Lychees ist am besten. Man kann aber auch Lychees aus der Dose verwenden, falls keine frischen erhältlich sind. Diese müssen aber vor Gebrauch gut abgewaschen werden, damit der Zuckersirup ganz abgespült wird. ⌚⌚

250 g geschälte Garnelen, feingehackt oder püriert
1 TL Salz
1 TL Stärkemehl
$^1/_4$ TL weißer gemahlener Pfeffer
10 frische Lychees oder aus der Dose, geschält und entsteint
Einige Endiviensalatblätter zum Garnieren
Koriandergrün zum Garnieren
Chiliflocken zum Garnieren (wahlweise)

Soße:

1 Tasse Hühnerbrühe (Seite 36)
1 TL Öl zum Kochen
$^1/_2$ TL Salz
1 TL Stärkemehl, mit Wasser verrührt
2 Eiweiße

Garnelen, Salz, Stärkemehl und Pfeffer vermischen. Mischung in 10 Portionen aufteilen. Das Innere jeder Lychee mit etwas Stärkemehl einstäuben und mit der Garnelenpaste füllen – diese fest hineindrücken. Lychees auf einen Teller geben und bei großer Hitze 6–8 Minuten dämpfen, bis die Garnelenfüllung fest und gar ist.

Endiviensalatblätter in einer flachen Schüssel anrichten und die Lychees daraufsetzen. Dann die **Soße** vorbereiten. Brühe, Öl und Salz zum Kochen bringen. Hitze reduzieren und mit Stärke binden, dann Eiweiß unterrühren und vom Feuer nehmen. Über die Lychees gießen und sofort servieren.

YOU BAO YOU YU JUAN

Tintenfisch mit Bambussprossen

Tintenfisch ist in den Küstenregionen Chinas sehr beliebt und schmeckt wie alle Meeresfrüchte ganz frisch am besten. In der chinesischen Küche, wie auch in anderen asiatischen Ländern, wird er oft mit einem Messer so eingeschnitten, daß er nach dem Kochen wie ein „Kiefernzapfen" aussieht. ◷◷

- **500 g frischer Tintenfisch, enthäutet und gesäubert**
- **Öl zum Fritieren**
- **1 TL feingehackter Knoblauch**
- **75 g Bambussprossen, der Länge nach in 5 cm große Stücke geschnitten**
- **75 g Gurke, der Länge nach in 5 cm große Stücke geschnitten**
- **75 g Karotten, in dünne längliche, 5 cm große Stücke geschnitten**
- **1 Frühlingszwiebel, in Scheiben geschnitten**
- **2 EL chinesischer Reiswein**
- **1 TL Salz**
- **1 TL Stärkemehl, mit Wasser verrührt**

Tintenfisch der Länge nach halbieren und jedes Stück mit einem scharfen Messer rautenförmig einschneiden, dabei darauf achten, das Fleisch nicht ganz durchzuschneiden. Den eingeschnittenen Tintenfisch in etwa 6 x 2 cm große Stücke schneiden. Gut abtrocknen.

Öl erhitzen und wenn es sehr heiß ist, Tintenfisch 5 Sekunden fritieren. Abtropfen lassen und beiseite stellen. Öl bis auf 1 Teelöffel abgießen und erneut erhitzen. Knoblauch einige Sekunden pfannenrühren, bis er duftet, dann Tintenfisch dazugeben und 1 Minute pfannenrühren. Bambussprossen, Gurken, Karotten und Frühlingszwiebeln dazugeben und 1 Minute pfannenrühren. Mit Reiswein und Salz abschmecken, dann mit Stärkemehl binden. Sofort servieren.

SUAN RONG ZHENG DAN CAI

Gedämpfte Miesmuscheln mit Knoblauch

Dieses Kochverfahren eignet sich auch für Austern und Venusmuscheln. Die Miesmuscheln werden gekocht, bis sie sich gerade öffnen, dann mit Gewürzen gedämpft und mit einer Mischung aus gebratenem Knoblauch, Frühlingszwiebeln, Chilis und Koriandergrün garniert. Sehr einfach und auch sehr gut.

***Rechts**: Im Uhrzeigersinn von oben links: gedämpfte Muscheln am Tellerrand mit gedämpften Austern in der Mitte, frische Jakobsmuscheln, frische Bambusaustern und gedämpfte Jakobsmuscheln.*

12 frische Miesmuscheln oder Austern oder 24 Venusmuscheln
6–8 Knoblauchzehen
1 TL Öl
1 TL gekörnte Hühnerbrühe
1 TL Zucker
$^1/_2$ TL helle Sojasoße
1 roter Chili, feingehackt
1 Frühlingszwiebel, in feine Scheiben geschnitten
Koriandergrün (wahlweise)

Wok mit Wasser füllen und zum Kochen bringen. Miesmuscheln dazugeben und kochen, bis sie sich etwas öffnen. Herausnehmen, abtropfen lassen und eine Schalenhälfte entfernen. Die Schalenhälfte mit der Muschel auf einem Teller anrichten.

Die Hälfte des Knoblauchs in Scheiben schneiden und in Öl sanft goldbraun und knusprig braten. Abtropfen lassen und beiseite stellen. Übrigen Knoblauch sehr fein hacken und ein wenig über jede Muschel streuen, dann noch mit gekörnter Hühnerbrühe, Zucker und Sojasoße bestreuen. In einen Dämpftopf stellen und bei großer Hitze 3 Minuten kochen.

Mit gebratenem Knoblauch, Chilis, Frühlingszwiebeln und Koriander garnieren und sofort servieren.

***Tip**: Die Muscheln können schon im voraus gekocht und bis zum Gebrauch im Kühlschrank aufbewahrt werden.*

JIAO XIAN XIA GU & XIANG JIAO CHAO XIE

Gebratene Gottesanbeter-Garnelen & Gebratene Chilikrebse

***Rechts**: gebratene Gottesanbeter-Garnelen (links) und gebratene Chilikrebse (rechts).*

GEBRATENE GOTTESANBETER-GARNELEN

Für dieses Rezept aus Xian werden Gottesanbeter-Garnelen, die man in Südchina und einigen Teilen Südostasiens findet, verwendet. Man kann sie auch durch Riesengarnelen ersetzen. ⌚

500 g Gottesanbeter-Garnelen oder Riesengarnelen
Öl zum Fritieren
2 TL feingehackter Knoblauch
1 TL Salz
1 TL weißer gemahlener Pfeffer
1 roter Chili, feingehackt

Garnelen waschen und trocknen, aber nicht schälen. In heißem Öl 3–4 Minuten goldbraun fritieren. Herausnehmen und abtropfen lassen. Öl bis auf 2 Teelöffel abgießen. Knoblauch einige Sekunden pfannenrühren, bis er duftet, dann die gebratenen Garnelen und alle übrigen Zutaten dazugeben. Einige Sekunden pfannenrühren und sofort servieren.

GEBRATENE CHILIKREBSE

Dieses Rezept stammt aus der Provinz Fujian im Südosten Chinas. ⌚

500 g Krebse
Öl zum Fritieren
1 EL feingehackter Knoblauch
20 getrocknete Chilis, im ganzen, aber ohne Stiele
1 kleine grüne Paprika, in feinen Streifen
100 g mageres Schweinefleisch, in feinen Streifen
½ Tasse Wasser, 3 EL Austernsoße
½ TL gekörnte Hühnerbrühe
½ TL Salz, 1 EL Zucker
2 TL Stärkemehl, mit Wasser verrührt

Rücken der Krebse abziehen und graues schwammiges Inneres entfernen und abwaschen. Den Rumpf mit den Zangen mit einem Hackbeil jeweils in vier Teile hacken. Zangen mit dem Beil leicht aufhacken, damit die Soße eindringen kann. Krebse gründlich abtrocknen.

Öl erhitzen und Krebse 5–7 Minuten fritieren, abtropfen lassen und beiseite stellen. Öl bis auf 2 Teelöffel abgießen und Knoblauch, Chilis, Paprika und Schweinefleisch bei mittlerer Hitze 2–3 Minuten pfannenrühren, bis das Fleisch etwas Farbe annimmt. Krebse und alle übrigen Zutaten, außer dem Stärkemehl, dazugeben und 1 Minute köcheln lassen. Mit Stärkemehl binden und servieren.

LONG FENG CHENG XIANG

Pfannengerührter Hummer mit Hühnchen in scharfer Soße

Dieses Gericht gilt als glückverheißend, da die Form des Hummers an einen Drachen denken läßt, während das Hühnchen an den Phönix erinnert. ⌚⌚⌚

***Pfannengerührter Hummer*:**

1 mittelgroßer Hummer, Fleisch gewürfelt,
½ TL Salz
Je 1 Prise Zucker und Pfeffer
1 Eiweiß
1 EL Stärkemehl, mit Wasser verrührt
2 EL Öl
½ rote Paprika, in Streifen geschnitten
2 getrocknete schwarze Pilze, eingeweicht und in feine Streifen geschnitten
4–5 Zuckerschoten, ohne Enden, längs geschnitten
½ TL feingehackter Knoblauch
½ TL feingehackter Ingwer
¼ TL Salz
Je 1 Prise Zucker und Pfeffer
1 EL chinesischer Reiswein
1 EL Hühnerbrühe (Seite 36)
1 TL Stärkemehl, mit Wasser verrührt

Hummerfleisch mit Salz, Pfeffer, Eiweiß, Stärkemehl und 1 Eßlöffel Öl gut vermischen. Restliches Öl erhitzen und Hummer 5 Sekunden darin pfannenrühren, dann rote Paprika, Pilze und Zuckerschoten dazugeben. Eine weitere Minute bei großer Hitze kochen. Knoblauch und Ingwer hinzufügen, gut umrühren, dann die übrigen Zutaten, außer dem Stärkemehl, dazugeben. Gut durchwärmen, mit Stärkemehl binden und fürs Huhn warmhalten.

***Hühnchen in scharfer Soße*:**

200 g ausgelöstes Hühnchenfleisch, gewürfelt
½ TL Salz
1 Prise Pfeffer
½ Tasse Stärkemehl, mit Wasser verrührt
Öl zum Fritieren
½–1 EL Chilipaste
1 EL feingehackter Knoblauch
1 EL feingehackter Ingwer
¼ Tasse Hühnerbrühe (Seite 36)
1 EL schwarzer Reisessig
1 EL Zucker
2 TL helle Sojasoße
¼ Tasse chinesischer Reiswein
2 TL Stärkemehl, mit Wasser verrührt
200 g gedämpfter Brokkoli

Hühnchenfleisch mit Salz, Pfeffer, Stärkemehl und 2 Teelöffeln Öl einreiben. Fleisch 3–4 Minuten knusprig und goldgelb fritieren. Abtropfen lassen und beiseite stellen. Öl abgießen. 1 Eßlöffel frisches Öl erhitzen und Chilipaste einige Sekunden anbraten. Knoblauch und Ingwer dazugeben und einige Sekunden pfannenrühren, dann alle übrigen Zutaten hinzufügen, außer Stärkemehl und Brokkoli. Gut erwärmen, mit Stärke binden. Hühnchen und Hummer auf einer Platte mit dem Brokkoli garnieren.

QI GAI JI

Bettler-Hühnchen

Der Legende zufolge stammt dieses Rezept von einem armen Mann, der ein Hühnchen gestohlen hatte. Er wollte es über dem Feuer braten, als plötzlich der Landbesitzer vorbeikam. Um das Huhn zu verstecken, wickelte er es schnell in Schlamm ein und warf es auf das Feuer. Später, als die Gefahr vorbei war, brach er den hart gewordenen Schlamm auf und fand darin einen saftigen gegarten Vogel. Bei diesem Rezept wird das Hühnchen mit Zutaten gefüllt, von denen jener Bettler nur träumen konnte. Es wird statt in Schlamm in einen eßbaren Brotteig gehüllt.

1 frisches küchenfertiges Hühnchen, ca. 1,5 kg
2 getrocknete Lotosblätter

***Füllung*:**

150 g Schweinefleisch, in feine Streifen geschnitten
100 g getrocknete Gemüse *(Mei Cai)*, feingehackt
5 getrocknete schwarze Pilze, eingeweicht und in feine Streifen geschnitten
8 cm Ingwer, fein geraspelt
1–2 Frühlingszwiebeln, in feine Scheiben geschnitten
2 TL gekörnte Hühnerbrühe
2 TL Zucker
2 TL helle Sojasoße
3 EL Reiswein
1 Prise gemahlener Ingwer

***Teigmantel*:**

1 kg Weizenmehl
4 TL getrocknete Hefe
2 EL Zucker
1 EL Salz
2 Eier, verquirlt
2 Tassen warmes Wasser

Zuerst die **Teighülle** zubereiten. Mehl in eine Schüssel sieben, alle übrigen Zutaten dazugeben und gut zu einem geschmeidigen Teig vermengen. Etwas Wasser oder Mehl hinzufügen, um die richtige Konsistenz zu erhalten. Zugedeckt gehen lassen, während das Hühnchen zubereitet wird.

Alle Zutaten für die **Füllung** gut vermischen. Hühnchen damit füllen und jedes Ende mit einem festen Zahnstocher zustecken. Hühnchen ganz in die Lotosblätter wickeln. Auf einen Teller legen und bei großer Hitze 30 Minuten dämpfen.

Teig kneten, zu einem großen Rechteck ausrollen und das gedämpfte Hühnchen darin einwickeln. Teigenden gut verschließen. Bei mittlerer Hitze im Ofen backen, bis der Teig goldbraun wird (ca. 15 Minuten). Am Tisch aufschneiden und Hühnchen samt Füllung servieren. Der Teig ist auch eßbar.

CUI PI SHAN DONG JI

Fritiertes Shandong-Hühnchen

Bei diesem Rezept werden – wie bei vielen anderen chinesischen Gerichten aus der nordöstlichen Provinz Shandong – zwei Kochmethoden eingesetzt: Das Hühnchen wird erst leicht geköchelt und dann fritiert. Man serviert es mit einer klaren, nicht eingedickten Soße, die leicht süß-sauer schmeckt. ⌚⌚

1 frisches Hühnchen, ca. 1,25 kg
½ TL Salz
Öl zum Fritieren
1 Frühlingszwiebel, nur der weiße Teil, in feine Streifen geschnitten
4 Knoblauchzehen, feingehackt und fritiert

***Soße*:**

1 roter Chili, entkernt und in Scheiben geschnitten
4 Knoblauchzehen, in Scheiben geschnitten
1 TL Chilipaste
1 Tasse Hühnerbrühe (Seite 36)
1 EL helle Sojasoße
¼ Tasse weißer Essig
2 EL Zucker oder Honig
Salz zum Abschmecken

Hühnchen innen und außen mit Salz einreiben und 30 Minuten beiseite stellen. In einem großen Topf Wasser zum Kochen bringen und das Huhn hineingeben. Auf niedrigste Hitze reduzieren und das Hühnchen 30 Minuten köcheln lassen. Abgießen, Huhn trockentupfen und an einen luftigen Platz hängen, damit es ganz abtrocknet.

Kurz vor dem Servieren im Wok Öl zum Fritieren erhitzen. Das Hühnchen wird nur knusprig, wenn es absolut trocken ist (manchmal kann auch ein kurzer Einsatz mit einem Fön helfen). Das ganze Huhn mit der Brust nach unten ins Öl geben und etwa 5 Minuten goldbraun fritieren. Wenden und nochmals 5 Minuten fritieren. Herausnehmen, abtropfen lassen und in mundgerechte Stücke schneiden. Auf einer tiefen Servierplatte anrichten, damit noch 1,5 Tassen Soße darübergegossen werden können.

Öl aus dem Wok abgießen, aber den Wok nicht auswischen. Alle Zutaten für die **Soße** hineingeben und 2 Minuten köcheln lassen. Über das Hühnchen gießen und mit Frühlingszwiebeln sowie gebratenem Knoblauch garnieren.

***Tip*:** Chinesische Köche bereiten das Hühnchen mit Kopf zu und legen ihn auch auf die Servierplatte. Dies bleibt jedoch dem jeweiligen Geschmack überlassen. Das Gericht kann teilweise vorbereitet werden; Hühnchen kochen und trocknen und mehrere Stunden bis zum Fritieren beiseite stellen.

GONG BAO FENG HUA & MAN TOU

Hühnchen mit getrockneten Chilis & Gedämpfte Teigtaschen

Rechts: *Hühnchen mit getrockneten Chilis. Foto von gedämpften Teigtaschen auf Seite 111.*

HÜHNCHEN MIT GETROCKNETEN CHILIS ⌚⌚

150 g Hühnerbrust
½ TL Salz
1 Eiweiß
2 EL chinesischer Reiswein
2 TL Stärkemehl
1 TL feingehackter Knoblauch
1 TL feingehackter Ingwer
1 EL schwarze Sojasoße
1 EL weißer Reisessig
1 TL Zucker
2–3 getrocknete Chilis, in 1 cm große Stücke geschnitten, knusprig, leicht braun fritiert
1 Tasse Frühlingszwiebeln, in feinen Scheiben
2 EL gebratene Erdnüsse, ohne Haut

Hühnerbrust mit diagonalen Schnitten, die etwa 0,5 cm auseinander liegen, einschneiden, dabei aber nicht ganz durchschneiden. Fleisch in 0,5–2 cm große Stücke schneiden. Mit Salz, Eiweiß, Wein und Stärkemehl gut vermischen. 2–3 Minuten beiseite stellen, während das Öl zum Fritieren erhitzt wird. Fleisch bei sehr großer Hitze 30 Sekunden fritieren, abtropfen lassen und beiseite stellen.

Bis auf 1 Teelöffel alles Öl aus dem Wok abgießen. Knoblauch und Ingwer einige Sekunden pfannenrühren, dann Sojasoße, Essig und Zucker dazugeben. Gut verrühren, Hühnchen, getrocknete Chilis und Frühlingszwiebeln hinzufügen und 3–4 Minuten pfannenrühren. Erdnüsse unterrühren und sofort servieren.

GEDÄMPFTE TEIGTASCHEN ⌚⌚

2 Tassen Weizenmehl, durchgesiebt
½ EL Zucker
2 TL Trockenhefe
1 TL Backpulver
½ Tasse warmes Wasser
1 TL Öl

Alle Zutaten, außer dem Öl, vermischen, evtl. etwas Wasser dazugeben, um einen geschmeidigen Teig zu erhalten. Einige Minuten kneten, dann zugedeckt 20 Minuten gehen lassen, bis der Teig das doppelte Volumen hat. Teig 1 Minute kneten. Golfballgroße Teigstücke zu Kreisen mit ca. 8 cm Durchmesser ausrollen.

Die Mitte jedes Kreises mit etwas Öl einpinseln, damit sich die Teigtaschen nach dem Dämpfen leicht öffnen lassen. Kreise erst zu Halbkreisen, dann zu Viertelkreisen zusammenklappen. Mit den Zinken einer Gabel an der abgerundeten Seite zwei Schlitze von ca. 0,5 cm Länge einschneiden; die Teigtaschen werden nach dem Dämpfen an Blumen erinnern. Taschen bei großer Hitze 4–5 Minuten dämpfen und zu geräucherter Sichuan-Ente (Seite 110) servieren.

ZHANG CHA YA

Geräucherte Sichuan-Ente

Peking-Ente ist wohl die beliebteste Zubereitungsart der chinesischen Ente, auch wenn manche Feinschmecker das Räuchern der Ente vor dem Braten vorziehen. Zur geräucherten Ente reicht man Teigtaschen, die mit kleinen gekochten Entenstücken und Frühlingszwiebeln gefüllt und mit scharfer Soße bestrichen sind. ⌚⌚⌚

***Rechts**: geräucherte Sichuan-Ente mit gedämpften Teigtaschen. Rezept zu den Teigtaschen auf Seite 108.*

1 frische Ente
1 EL Salz
1 TL gemahlene Sichuan-Pfefferkörner oder *Sansho*
3 Frühlingszwiebeln, grob gehackt
8 cm Ingwer, in Scheiben geschnitten
½ Tasse chinesischer Reiswein
¾ Tasse schwarze chinesische Teeblätter
½ Tasse Zucker
½ Tasse Lorbeerblätter
4 ganze Sternanis
2 Zimtstangen, jeweils ca. 8 cm lang
4–6 Frühlingszwiebeln, nur der weiße Teil, in feine Streifen geschnitten

***Soße*:**

½ Tasse *Hoisin*-Soße
1 TL gemahlene Sichuan-Pfefferkörner oder *Sansho*
½ TL Salz
¼ TL Zucker
1 TL Öl

Ente gründlich waschen und trocknen. Innen mit Salz und Sichuan-Pfeffer einreiben. Jeweils die Hälfte der Zwiebeln und des Ingwers in die Ente geben. Diese dann in einer Schüssel mit den restlichen Zwiebeln und dem Ingwer bestreuen. Reiswein darübergießen und 45 Minuten ziehen lassen.

Ente aus der Marinade nehmen. Im Wok Wasser erhitzen, dann die Ente hineingeben (sie sollte gut bedeckt sein). 1 Minute blanchieren, abtropfen lassen und dann die Räucherzutaten vorbereiten.

Teeblätter, Zucker, Lorbeerblätter und Sternanis vermischen und dann mit dem Zimt in den Wok geben. Bei mittlerer Hitze 2–3 Minuten umrühren, anschließend ein Gitter über die Räucherzutaten legen. Ente daraufgeben und zugedeckt 1 Stunde bei niedriger Hitze räuchern.

Alle Zutaten für die Soße vermischen und in ein Schälchen geben. Ebenso die Frühlingszwiebeln in ein separates Schälchen geben.

Nach dem Räuchern Ente aus dem Wok nehmen und die Räucherzutaten entfernen. Öl zum Fritieren erhitzen und die geräucherte Ente bei großer Hitze braten, wenden und goldbraun werden lassen. Abtropfen lassen, zerlegen und mit gedämpften Teigtaschen (Seite 108), Soße und Frühlingszwiebeln servieren.

SHUAN YANG ROU

Mongolischer Feuertopf mit Lamm

Als die Mongolen in Nordchina eindrangen, brachten sie auch ihre Vorliebe für Lammfleisch mit. Dieses Erbe findet sich noch heute in Beijing, wohingegen Lammfleisch in fast allen anderen Regionen Chinas, außer in den westlichen autonomen Provinzen, verpönt ist. Mongolischer Feuertopf ist im Winter sehr beliebt und wird auch gerne in geselliger Runde gegessen, bei der jeder Gast seine Portion selbst im Feuertopf kocht. ⌚⌚

500 g Lammkeule ohne Knochen
1–2 Laibe Tofu, in Scheiben geschnitten
200 g langer Weißkohl, grob gehackt
100 g getrocknete Reisnudeln, in heißem Wasser eingeweicht

Brühe:

3 cm Ingwer, in feine Scheiben geschnitten
1 Frühlingszwiebel, grob gehackt
2 TL dunkle Sojasoße
6 Tassen Brühe aus Lammknochen, im Wasser gekocht

Dips und Garnierung:

$^1/_2$ Tasse Sesampaste
2 EL fermentierter Tofu, zerdrückt
$^1/_2$ Tasse helle Sojasoße
$^1/_2$ Tasse roter Reisessig
$^1/_2$ Tasse chinesischer Reiswein
$^1/_4$ Tasse Chiliöl (Seite 36)
4 EL eingelegter Knoblauch (Seite 34)
1 Bund Koriandergrün, gehackt

Lamm in papierdünne Scheiben schneiden, etwas vom Fett stehenlassen (typisch für Beijing, kann aber auch weggeschnitten werden). Scheiben aufrollen und auf einen Teller legen. Tofu und Kohl auf separate Teller legen und die eingeweichten Reisnudeln auf 6 Suppenschalen verteilen.

Dips und Garnierung in kleinen Schalen anrichten und auf den Tisch stellen, damit sich jeder nach Belieben bedienen kann.

Alle Zutaten für die **Brühe** in einem Topf erwärmen und vorsichtig in den Feuertopf gießen. Erneut aufkochen. Jeder Gast kocht das Fleisch, den Tofu und den Kohl selbst und würzt dann mit Dips seiner Wahl sowie mit eingelegtem Knoblauch und Koriander. Wenn alle Zutaten aufgebraucht sind, wird die reichhaltige Brühe in die Suppenschalen über die Nudeln gegeben und als letzter Gang gegessen.

Tip: Der Feuertopf ist eine Art Fondue, der mit Holzkohle beheizt wird, es gibt aber auch elektrische und gasbetriebene Versionen. Die Holzkohle wird über einer Gasflamme angezündet und mit einer Zange in den Kamin in der Mitte des Feuertopfes gegeben. Auf ein dickes Holzbrett stellen, damit die Tischoberfläche unversehrt bleibt.

HUI GUO ROU

Zweimal gekochtes Schweinefleisch mit Paprikaschoten

Rote und grüne Paprikaschoten geben diesem ausgezeichneten Gericht Farbe und Biß. Das Schweinefleisch wird mit gesalzenen schwarzen Bohnen, Chilis und *Hoisin*-Soße gewürzt. Das Rezept eignet sich hervorragend für Reste von gebratenem, gedämpftem oder gekochtem Schweinefleisch.

1 große oder 2 kleine rote Paprikaschoten
1 große oder 2 kleine grüne Paprikaschoten
Öl zum Fritieren
200 g kaltes gekochtes Schweinefleisch, in feine Scheiben geschnitten
2–3 TL Chilipaste
1 TL Hoisin-Soße
1 gehäufter EL gesalzene schwarze Bohnen, abgewaschen und leicht zerdrückt
2 TL feingehackter Knoblauch
2 TL feingehackter Ingwer
2 TL schwarze Sojasoße
2 TL Zucker
¼ TL weißer gemahlener Pfeffer
1 Frühlingszwiebel, grob gehackt

Paprikaschoten halbieren, entkernen und ausputzen, in ca. 2,5 cm breite Streifen schneiden. Öl erhitzen und Paprika 2–3 Sekunden fritieren, dann das Schweinefleisch dazugeben und weitere 5 Sekunden fritieren. Herausnehmen, abtropfen lassen und beiseite stellen.

Öl bis auf einen Teelöffel abgießen. Chilipaste einige Sekunden pfannenrühren, dann die gebratenen Paprika, Schweinefleisch und alle übrigen Zutaten dazugeben. 30 Sekunden pfannenrühren und sofort servieren.

JIANG CONG CHAO ZHU GAN & DONG PO ZHOU ZI

Pfannengerührte Schweineleber & Geschmorte Schweinekeule

***Rechts**: Geschmorte Schweinekeule (oben) und pfannengerührte Schweineleber (unten).*

PFANNENGERÜHRTE SCHWEINELEBER

300 g Schweineleber, in feinen Scheiben
2 EL chinesischer Reiswein
2 TL Öl
2 TL feingehackter Knoblauch
3 cm Ingwer, in feine Scheiben geschnitten
1 Frühlingszwiebel, in 3 cm langen Stücken
½ rote Chili, entkernt, in Scheiben
1 TL gekörnte Hühnerbrühe
1 TL helle Sojasoße
½ TL Zucker
1 TL Stärkemehl, mit Wasser verrührt

Leber ca. 5 Minuten im Wein marinieren. Öl erhitzen und Knoblauch einige Sekunden braten, dann abgetropfte Leber, Ingwer, Zwiebeln und Chili dazugeben. Einige Sekunden bei großer Hitze pfannenrühren. Gekörnte Brühe, Sojasoße und Zucker hinzufügen und weitere 1–2 Minuten pfannenrühren, bis die Leber gar ist. Mit Stärkemehl binden.

GESCHMORTE SCHWEINEKEULE

1 Schweinekeule, ca. 1 kg
2 EL helle Sojasoße
Öl zum Fritieren
12 Tassen (3 Liter) Hühnerbrühe (S.36)
2 TL dunkle Sojasoße
6 cm Ingwer, in Scheiben geschnitten
1 TL weißer gemahlener Pfeffer

Gemüsegarnierung:
1 EL Öl
10 kleine Weißkohlköpfe, blanchiert
½ TL Salz
¼ TL weißer gemahlener Pfeffer
¼ TL Sesamöl

Wasser in einem großen Topf erhitzen und Schweinekeule 30 Minuten darin köcheln lassen. Abtropfen lassen und trocknen, dann mit 1 Eßlöffel heller Sojasoße einreiben. Zum Trocknen beiseite stellen und inzwischen das Öl zum Fritieren im Wok erhitzen. Schweinekeule bei sehr großer Hitze von allen Seiten braun anbraten. Herausnehmen, abtropfen lassen und 10 Minuten in eine große Schüssel mit kaltem Wasser legen. Abtropfen lassen.

Brühe mit dem restlichen Eßlöffel heller Sojasoße, dunkler Sojasoße, Ingwer und Pfeffer vermischen. Keule dazugeben und bei niedrigster Hitze ca. 2 Stunden köcheln lassen, bis das Fleisch butterweich ist. Knochen aus der Mitte lösen und Fleisch auf einen Teller legen.

Halbe Tasse der Schweinefleischbrühe erhitzen und mit Stärkemehl binden. Übers Fleisch gießen.

Für die **Gemüsegarnierung** Öl im Wok erhitzen. Abgetropften, blanchierten Kohl, Salz, Pfeffer und Sesamöl dazugeben und ca. 30 Sekunden pfannenrühren. Kohl um die Keule anrichten und servieren.

HEI JIAO NIU ROU

Rindfleisch mit schwarzem Pfeffer

Dieses Rezept aus Sichuan ist einfach und schnell zuzubereiten und schmeckt wie eine geschmacklich verbesserte Version des westlichen Pfeffersteaks; die Sichuan-Pfefferkörner machen den Unterschied aus.

200 g Rinderfilet, in 2,5 cm große Würfel geschnitten
2 EL chinesischer Reiswein
1 EL Wasser
½ TL Salz
¼ TL weißer gemahlener Pfeffer
Öl zum Fritieren
1 EL feingehackter Knoblauch
2 TL grob zerdrückte schwarze Pfefferkörner
1 TL zerdrückte Sichuan-Pfefferkörner oder *Sansho*
1 TL Austernsoße
2 TL helle Sojasoße
1 TL Sesamöl
Geschnittener Kopfsalat als Garnierung

Rindfleisch in eine Schüssel geben und Wein, Wasser, Salz und weißen Pfeffer darübergeben. Etwa 30 Sekunden gut verrühren, bis das Fleisch die ganze Flüssigkeit aufgesogen hat.

Öl erhitzen und Rindfleisch bei sehr großer Hitze ca. 30 Sekunden pfannenrühren. Öl bis auf 1 Teelöffel abgießen und Knoblauch einige Sekunden pfannenrühren, dann Rindfleisch und alle übrigen Zutaten, außer dem Salat, dazugeben. Einige Sekunden pfannenrühren, bis alles gut vermischt ist und sofort auf dem Salat servieren.

ZHI MA NIU PAI

Fritiertes Rindfleisch mit Sesamkörnern

Ein köstliches Rezept für Rindfleisch, bei dem das Fleisch, obwohl es mit Soße überzogen wird, knusprig bleibt. ⌚

250 g Rinderfilet
1/4 TL Backpulver
2 EL Wasser
2 EL Stärkemehl, mit Wasser verrührt
Öl zum Fritieren
2 EL leicht geröstete Sesamkörner

***Soße*:**

2 TL Öl
1 1/2 TL feingehackter Knoblauch
1 1/2 TL feingehackter Ingwer
1 EL chinesischer Reiswein
1 TL schwarze Sojasoße
1 TL schwarzer Reisessig
2 TL Zucker
1/4 TL weißer gemahlener Pfeffer
1/2 Tasse Hühnerbrühe (Seite 36)
2 TL Stärkemehl, mit Wasser verrührt

Rindfleisch in 1 cm dicke Scheiben schneiden, dann auf ein Hackbrett legen und auf 0,5 cm flachklopfen. In eine Schüssel geben und Backpulver und Wasser darübergeben. Mit den Händen 30 Sekunden einarbeiten, dann das verrührte Stärkemehl dazugeben und weitere 30 Sekunden vermengen. Fleisch abtropfen lassen und beiseite stellen.

Öl erhitzen und Fleisch 2–3 Minuten fritieren, bis es knusprig und goldbraun ist. Abtropfen lassen und beiseite stellen.

Für die **Soße** Öl erhitzen und Knoblauch und Ingwer einige Sekunden darin pfannenrühren. Alle Soßenzutaten, außer dem Stärkemehl, dazugeben und erwärmen. Mit Stärke binden, Rindfleisch dazugeben und gut vermischen, damit das Fleisch von der Soße überzogen wird. Mit Sesamkörnern bestreuen und sofort servieren.

BING TANG YIN ER

Weißer Pilz mit Melonenbällchen

Rechts: *Weißer Pilz mit Melonenbällchen (oben rechts) sowie dekorativen Vögeln und Kaninchen aus Teig.*

Weiße Pilze sollen sehr förderlich für die Gesundheit sein. Diese warm oder gekühlt servierte süßsaure Suppe aus Pilzen und Kandiszucker soll die Augen klar werden lassen und den Appetit anregen. Der Pilz selbst hat kaum Kalorien und ist geschmacklos, wird aber wegen seiner Konsistenz und seiner Heilwirkung sehr geschätzt. Hier wird er mit Melonenbällchen kombiniert und ist so ein herrlicher Abschluß für jedes Mahl. ⌚

50 g gewürfelter weißer Pilz
100 g Kandiszucker
3 Tassen Wasser
75 g Honigmelone

Pilz gut waschen, dann 1 Stunde in warmem Wasser einweichen. Stiele und alle harten Stellen entfernen und in mundgerechte Stücke schneiden. Beiseite stellen.

Kandiszucker und Wasser in einem Topf erhitzen, dabei Umrühren, bis sich der Zucker aufgelöst hat. In eine Schüssel gießen und weißen Pilz dazugeben. Zugedeckt in einen Dämpftopf stellen. 1,5 Stunden dämpfen, bis der Pilz weich ist. Abkühlen lassen und dann kaltstellen.

Kurz vor dem Servieren kleine Melonenbällchen ausstechen. Zu den gekühlten Pilzen geben und in kleinen Schälchen servieren.

LIAN ZI HONG DOU SHA & DOU SHA WO BING

Suppe mit roten Bohnen & Pfannkuchen mit roten Bohnen

Rote Azukibohnen sind für Süßspeisen und Kuchen sehr beliebt und werden oft zu einer Paste, die in Dosen verkauft wird, verarbeitet. Suppe mit roten Bohnen wird in China meist als Zwischengericht serviert und ist bei Kindern besonders beliebt. Die Paste aus roten Bohnen eignet sich gut für die Füllung der bekannten Pfannkuchen mit roten Bohnen aus Sichuan. Bei diesem Rezept kommt noch eine Spur Vanillesoßenpulver zum Teig dazu.

SUPPE MIT ROTEN BOHNEN ⌚

50 g getrocknete Lotosnüsse oder aus der Dose
250 g getrocknete rote Azukibohnen
1 Streifen frische Orangenschale
4 Tassen (1 Liter) Wasser
$^1/_2$–$^3/_4$ Tasse Zucker

Getrocknete Lotosnüsse 1,5 Stunden in heißem Wasser einweichen, abtropfen lassen, schälen und mit einem Zahnstocher den Kern herausschieben. Nüsse aus der Dose abtropfen lassen und Einmachflüssigkeit wegschütten.

Rote Bohnen 30 Minuten in warmem Wasser einweichen. Abtropfen lassen, mit Wasser bedecken und mit Orangenschale 1 Stunde leise köcheln lassen. Lotosnüse dazugeben und eine weitere Stunde kochen. Zucker nach Geschmack beigeben und umrühren, bis er sich aufgelöst hat. Warm servieren.

PFANNKUCHEN MIT ROTEN BOHNEN ⌚⌚

150 g Mehl, gesiebt
$^1/_4$ TL Vanillesoßenpulver
1 Ei
Wasser zum Verrühren
100 g Paste aus roten Bohnen (siehe Tips)
Öl zum Braten

Mehl, Vanillesoßenpulver, Ei und genügend Wasser zu einem dünnen cremigen Teig verrühren. Wok erhitzen und mit 1 Teelöffel Öl innen vollständig einfetten. Etwa $^1/_4$ Tasse Teig hineingießen und den Wok so schwenken, daß dünner Pfannkuchen entsteht. Oben sollte er fest und unten goldbraun sein. Aus dem Wok nehmen, beiseite stellen und wiederholen, bis der Teig aufgebraucht ist.

Pfannkuchen mit der braunen Seite nach oben auf eine glatte Oberfläche legen. Die Mitte jedes Pfannkuchens mit Bohnenpaste bestreichen und dann zusammenklappen. Etwas Öl im Wok erhitzen und die gefüllten Pfannkuchen goldbraun braten. In mundgerechte Stücke schneiden und servieren.

Tips: Ist keine Bohnenpaste erhältlich, weichen Sie 100 g rote Bohnen 2 Stunden lang ein. Mit einem Streifen Orangenschale weich dämpfen. Zerdrücken und mit Zucker abschmecken. Man kann auch rote Datteln beim Dämpfen zu den Bohnen geben.

MANG GUO BU DING & ZHEN ZHU CI

Mangopudding & Klebreisbällchen

Rechts: *Mangopudding (unten) und Klebreisbällchen (oben rechts).*

MANGOPUDDING ◷◷

200 g reife Mangos
3 TL Gelatine in Pulverform
1 Tasse heißes Wasser
1 Tasse Eiswasser
½ Tasse Schlagsahne, ungeschlagen
1 Tasse Kokosnußmilch

Mangos schälen und Fruchtfleisch in winzige Würfel schneiden. Gelatine in heißes Wasser einstreuen und 5 Minuten quellen lassen. Umrühren, bis sie sich ganz aufgelöst hat, dann mit allen übrigen Zutaten und den Mangos vermischen. In 6 Schälchen gießen und im Kühlschrank fest werden lassen. Stürzen und nach Geschmack mit zusätzlicher Sahne servieren. Dieses westlich angelehnte Dessert ist in Teilen Südchinas und in Hongkong beliebt.

KLEBREISBÄLLCHEN ◷◷

100 g Reismehl
1 Eßlöffel Weizenmehl
Etwa ¼ Tasse Wasser
100 g Sagokörner, in warmem Wasser 5 Minuten eingeweicht und abgetropft
3 rote Kirschen, halbiert

Füllung:

50 g schwarze Sesamkörner
Öl zum Fritieren der Nüsse
1 gehäufter EL rohe Erdnüsse
1 gehäufter EL Walnußkerne
50 g Schweinespeck, sehr feingehackt
3 EL Zucker

Zuerst die **Füllung** zubereiten. Sesamkörner bei niedriger Hitze knusprig rösten. Beiseite stellen. Öl erhitzen und Erdnüsse fritieren. Herausnehmen, auskühlen lassen und Haut abrubbeln. Walnüsse mit kochendem Wasser bedecken und 5 Minuten einweichen. Haut abrubbeln und trocknen. Im Öl fritieren, dann abtropfen lassen. Sesamkörner, Erdnüsse, Walnüsse und Schweinespeck sehr fein pürieren. Zucker unterrühren und beiseite stellen.

Reis- und Weizenmehl vermischen und mit Wasser zu einem geschmeidigen Teig kneten. In 6 Portionen teilen und jede zu einem Kreis von ca. 6 cm Durchmesser ausrollen. Jeweils ein Sechstel der Füllung zu einem Ball rollen und in die Mitte setzen und einwickeln, dann zu einem glatten Bällchen formen.

Abgetropften Sago auf einen Teller geben und jedes Bällchen darin wenden. Auf einen Teller geben und bei großer Hitze 5 Minuten dämpfen. Auf eine Servierplatte legen, jedes Bällchen mit einer halben Kirsche dekorieren und warm oder bei Zimmertemperatur servieren.

年
有
魚

BA SI PING GUO

Kandierte Äpfel

Für diese herrliche Nachspeise können Äpfel oder knackige chinesische Birnen verwendet werden. Es ist wichtig, daß alle Zutaten griffbereit liegen, damit der letzte Kochvorgang schnell durchgeführt werden kann. Auf dem Foto rechts wurden kleine Äpfel verwendet, die während der Sommermonate in vielen Teilen Chinas erhältlich sind.

4 große grüne Äpfel, geschält, ohne Kernhaus und in 8 Spalten geschnitten
Öl zum Fritieren

***Teig*:**

1 Tasse Weizenmehl
2 TL Stärkemehl
1 TL Backpulver
½ Ei, verquirlt
Wasser, so viel wie erforderlich

***Sirup*:**

½ Tasse Zucker
2 EL Wasser

Für den **Teig** alle Zutaten vermischen und so viel Wasser dazugeben, daß er eine dicke cremige Konsistenz erhält.

Zucker und Wasser bei mittlerer Hitze erhitzen, dabei umrühren, bis der **Sirup** goldbraun wird. Warmhalten.

Eine Schüssel mit Eiswasser und eine eingefette Platte bereit stellen. Öl zum Fritieren erhitzen. Wenn es sehr heiß ist, jeweils einige Apfelspalten in den Teig tauchen und goldbraun braten. Aus dem Öl nehmen, abtropfen lassen, in Sirup tauchen und gründlich darin wenden. Apfelspalten sofort ins Eiswasser geben, so daß der Sirupmantel fest wird, dann auf eine Servierplatte legen und sofort servieren.

Register